NEGOCIAÇÃO

NEGOCIAÇÃO
Conceitos e Técnicas

Copyright© 2016 por Brasport Livros e Multimídia Ltda.

Todos os direitos reservados. Nenhuma parte deste livro poderá ser reproduzida, sob qualquer meio, especialmente em fotocópia (xerox), sem a permissão, por escrito, da Editora.

Editor: Sergio Martins de Oliveira
Diretora: Rosa Maria Oliveira de Queiroz
Gerente de Produção Editorial: Marina dos Anjos Martins de Oliveira
Revisão: Maria Helena A. M. Oliveira
Editoração Eletrônica: Abreu's System
Capa: Use Design

Técnica e muita atenção foram empregadas na produção deste livro. Porém, erros de digitação e/ou impressão podem ocorrer. Qualquer dúvida, inclusive de conceito, solicitamos enviar mensagem para **editorial@brasport.com.br**, para que nossa equipe, juntamente com o autor, possa esclarecer. A Brasport e o(s) autor(es) não assumem qualquer responsabilidade por eventuais danos ou perdas a pessoas ou bens, originados do uso deste livro.

D273n	Daychoum, Merhi
	Negociação: conceitos e técnicas / Merhi Daychoum – Rio de Janeiro: Brasport, 2016.
	ISBN: 978-85-7452-767-3
	1. Negociação I. Título.
	CDD: 158

Ficha Catalográfica elaborada por bibliotecário – CRB7 6355

BRASPORT Livros e Multimídia Ltda.
Rua Pardal Mallet, 23 – Tijuca
20270-280 Rio de Janeiro-RJ
Tels. Fax: (21)2568.1415/2568.1507
e-mails: marketing@brasport.com.br
vendas@brasport.com.br
editorial@brasport.com.br
www.brasport.com.br

Filial SP
Av. Paulista, 807 – conj. 915
01311-100 São Paulo-SP

Dedico este livro aos meus filhos Sajih e Yasser, que me permitem sentir a cada dia que o amor é infinito. Dedico também à luz da minha vida, Vanderléya, que destina sua existência, de mais formas do que qualquer outra pessoa poderia dispor, a fazer das nossas vidas uma vivência repleta de felicidades.

E isso eu não aceito negociar...

O Autor

Merhi Daychoum é Engenheiro Civil graduado em 1986. Profissional em Gerenciamento de Projetos (PMP®), certificado pelo PMI® (Project Management Institute). Membro do PMI®. Membro Voluntário do Grupo de Governo do PMI®-RJ, MBA em Gerenciamento de Projetos pela Fundação Getúlio Vargas (FGV). MBA Executivo Internacional pela FGV. MBA-Pleno em Gerenciamento de Projetos pela Ohio University – College of Business – Center for International Business Education and Development em convênio com a FGV e o Business Institute – em curso. Especialista em Negociação formado pela Fundação Getúlio Vargas. Participou do Seminário para Executivos Brasileiros ministrado na Ohio University – College of Business. Consultor da Organização das Nações Unidas para a Educação, Ciência e a Cultura (Unesco). Coordenador de Projetos e Obras do Programa Delegacia Legal do Governo do Estado do Rio de Janeiro. Diretor da empresa Construcon Construções e Consultoria Ltda. Instrutor de cursos de gerenciamento de projetos baseados na metodologia do PMI®. Instrutor de cursos de negociação. Palestrante de temas como motivação e liderança. Coordenador de unidade nos cursos do Rio de Janeiro e de Salvador da Escola de Políticas Públicas e Gestão Governamental (EPPGG). Coordenador da disciplina Gestão de Projetos do Curso de Especialização em Gestão da Inovação em Fitomedicamentos da Farmanguinhos – Fiocruz. Professor de Análise e Elaboração de Projetos do Curso de Especialização em Políticas Públicas e Gestão Governamental – EAD – da Universidade Federal Fluminense (UFF). Professor do MBA em Gerenciamento de Projetos da Universidade Veiga de Almeida. Palestrante do Programa PROGREDIR do CREA-RJ. Debatedor do Programa Haroldo de Andrade e do Programa Luiz Ribeiro na Rádio Tupi – RJ. Coautor do livro Ortodontia com Excelência – Na Busca da Perfeição Clínica da Napoleão editora. Autor dos livros Gerência de Projetos – Programa Delegacia Legal, Manual de Sobrevivência a Reformas e 40 + 16 Ferramentas e Técnicas de Gerenciamento, atualmente em sua sexta edição, todos publicados pela Brasport.

Prefácio

O autor deste livro é o meu colega Merhi Daychoum, com quem eu compartilho valores fundamentais sobre o relacionamento humano e concordo sobre como as negociações honestas podem nos ajudar a atingir esses valores.

Este livro é indicado para negociadores, experientes ou não, que desejam melhorar suas competências de negociação e resolução de conflitos quer seja em situações comerciais ou em interações pessoais, através do conhecimento de práticas, técnicas e ferramentas de comprovada eficiência.

Trata-se de uma leitura objetiva e útil para as pessoas que desejam desenvolver sua capacidade de planejar, executar e controlar bem uma negociação.

Poderemos observar durante a leitura desta obra como uma negociação bem conduzida pode ajudar as pessoas a aperfeiçoar consideravelmente sua capacidade de alcançar melhores acordos em termos econômicos e também melhorar o relacionamento com a outra parte chegando a acordos mutuamente aceitáveis em toda espécie de conflito.

Reynaldo Barros
Presidente do CREA-RJ (2015-2017)

Prefácio

Sumário

Introdução..**1**
    Conhecimentos, habilidades, talentos e competências.............................1
    Negociação e administração de conflitos..2

1. Mercado...**7**
    Mercado atual..7
    Conceitos de mercado...10

2. Comunicação Interpessoal **12**
    Conceitos de comunicação...12
    Barreiras para a eficácia da comunicação..22
    Fontes de conflito..24

3. Habilidades do Negociador **26**
    Características do bom negociador...26
    Tipos de abordagens..30

4. Conhecendo a Outra Parte **32**
    Estilos de negociadores...33
    Influência cultural...36
    Estilo regional..38
    Diferenças de gênero..40

5. Conceitos Básicos de Negociação **41**
    MAPUANA..42
    Preço de reserva..43
    ZOPA..44
    Criação de valor por troca...46

XII Negociação

6. Tipos Básicos de Negociação 47
Negociação distributiva (ou competitiva) 48
Negociação integrativa (ou colaborativa) 49
O dilema do negociador 50

7. Técnicas de Negociação 52
Táticas por estilo de comportamento 52
Avaliação das negociações 55

8. Aspecto Estruturado da Negociação 56
Planejamento 57
Execução 59
Controle 61

9. Negociação em Projetos 63
Negociação nas áreas de conhecimento 64
Negociação nas fases do projeto 68

10. Ferramentas para a Negociação 71
Janela de Johari 72
Modelo Myers-Briggs 76
Brainstorming 86

11. Administração de Conflitos 93
Projeto de negociação da Harvard Law School 94

12. Formulários e Modelos 105
Preparação da negociação 106
Identificando a sua MAPUANA 107
Estabelecendo o seu preço de reserva 108

13. Exercícios de Negociação 109
Questionário de negociações 110
O bom negociador 118

14. Estudo de Casos de Negociação 121
A compra dos terrenos 122
O problema dos 35 camelos 127

15. Recomendações Importantes 131

Glossário 135

Fontes de Consulta 139
Bibliografia 139
Filmografia 141
Sites 141

Introdução

Conhecimentos, habilidades, talentos e competências

Conhecimentos, habilidades e talentos são aspectos distintos do perfil de um indivíduo. Conhecimentos e habilidades podem ser ensinados, enquanto talento é algo que, fundamentalmente, não pode ser aprendido.

Conhecimento é o que o indivíduo sabe. Pode ser algo tangível, como conhecer o nome das capitais dos estados brasileiros ou as equações matemáticas. Também pode ser algo menos tangível, como o que se aprende com as experiências de vida. O conhecimento pode ser assimilado com os pais, nas escolas ou através de pesquisas.

Habilidades são as capacidades técnicas utilizadas para a realização de uma determinada tarefa – por exemplo, dirigir um automóvel ou usar um computador. A maioria das profissões pode ser realizada graças às habilidades, somando conhecimento e experiência. Um contador precisa usar a aritmética em seu dia a dia. Se um aprendiz de contador não souber fazer contas, ele pode aprender. Alguém pode estudar música por anos e ter a habilidade de tocar diversos instrumentos. Porém, somente a habilidade de tocar um instrumento pode não ser o suficiente para que essa pessoa se torne um músico excepcional.

Talento é a capacidade que nasce com cada um e que conduz a um desempenho satisfatório tanto no aprendizado quanto na execução das suas habilidades. Por exemplo, o talento para negociar, criar, comunicar. É diferente ter apenas habilidade do que

2 Negociação

ter também talento para executar essa habilidade. Uma pessoa com talento para uma determinada profissão é capaz de aprender e executar com muito mais facilidade essa profissão. O talento pode ser associado à vocação.

Competência é a soma dos talentos e das habilidades de um indivíduo que propicia resultados superiores aos obtidos por pessoas que possuem apenas o talento ou a habilidade separadamente, implicando em dizer que quanto mais habilidade e talento juntos, maior é a chance de sucesso.

Conhecer nossas competências e entender nossa personalidade direcionando-a para um projeto estratégico capaz de aproveitar nossas vocações pode ser a chave da transformação da vida pessoal e profissional. Não é uma tarefa rápida nem simples. Torna-se necessário o desenvolvimento de competências através do conhecimento de novas técnicas e habilidades.

Negociação e administração de conflitos

Saber como se comportar em uma negociação é um recurso fundamental para qualquer profissional. As habilidades e técnicas básicas são essenciais para resolver conflitos, conduzir conversas difíceis e administrar bons acordos. As técnicas de negociação partem de uma diversidade de perspectivas e parâmetros, dos mais simples aos mais complexos. Muitas dessas técnicas são baseadas no interesse de relacionamento entre os grupos negociadores e os devidos níveis de importância que colocam no resultado. As táticas específicas usadas nas negociações deverão ser baseadas em conceitos como colaboração, compromisso, como e quando divulgar as verdadeiras intenções, como identificar e usar as decepções, etc. Torna-se fundamental ao bom negociador:

- Entender todo o processo para que possa controlar melhor o que acontece.
- Planejar a sequência de etapas da negociação.
- Identificar as estratégias e os passos táticos da outra parte.
- Saber reverter situações desfavoráveis.
- Ter sempre uma alternativa para a possibilidade da não obtenção de um acordo favorável.

A negociação é uma prática que permite ao profissional entrar e sair de situações de negócio com confiança e sucesso. Uma vez que seus olhos e ouvidos estejam voltados para a linguagem da negociação, você se conscientizará de que todos negociam constantemente – o tempo todo.

A negociação é tão predominante nos negócios quanto na vida em geral. O que é verdadeiro em casa e entre amigos é também verdadeiro no ambiente profissional. Nós trabalhamos em uma relação de muita interdependência. Ninguém consegue nada sozinho, o que significa dizer que precisamos ajudar uns aos outros. Devido a isso, muito frequentemente cruzamos o caminho das outras pessoas ou deparamos com conflitos e problemas. É a natureza humana.

Isso tudo explica por que a organização que negocia melhor geralmente cresce e prospera mais rápido que as demais. É também por isso que os indivíduos que dominam as negociações são considerados com grande inteligência emocional por seus semelhantes, tendem a ser promovidos mais rapidamente, são mais produtivos e emergem como líderes naturais. Seja em vendas, serviços ao cliente, engenharia, gerenciamento de projetos ou qualquer outra área de negócios, os talentos em negociação desempenham um papel surpreendentemente importante no sucesso profissional.

Por isso é fundamental a um profissional reconhecer as muitas vezes em que precisa negociar e influenciar as pessoas a cada dia. Ao fazer isso, deve tratar essas situações como oportunidades para dar andamento a suas metas pessoais, fazer seus negócios prosperarem e construir relações de apoio mais fortes em uma rede de trabalho profissional mais ampla.

Este livro visa desenvolver competências para negociação nos profissionais e foi dividido em 15 capítulos, cada um dedicado a um tema que identifiquei como importante para o entendimento da negociação como um processo básico que ocorre com as pessoas dentro e fora de suas organizações. E, por se tratar de um processo, pode ser mapeado, desenvolvido e melhorado.

O primeiro capítulo aborda o mercado contemporâneo e as necessidades atuais dos indivíduos e das organizações.

O segundo capítulo aborda a comunicação de um modo geral. Trata da comunicação humana e da sua importância dentro do processo de negociação.

O terceiro capítulo tem a finalidade de mostrar as habilidades necessárias a um bom negociador e os tipos de abordagens.

O quarto capítulo oferece alguns elementos para a ajuda na difícil tarefa do reconhecimento de algumas características da outra parte que estará envolvida na negociação.

4 Negociação

O quinto capítulo apresenta quatro conceitos primordiais para o estabelecimento de uma estrutura fundamental necessária a qualquer negociação bem-sucedida.

O sexto capítulo descreve os dois tipos básicos de negociação: negociação distributiva e negociação integrativa.

O sétimo capítulo apresenta alguns tipos de técnicas utilizadas por negociadores, baseadas nos estilos de comportamento dos negociadores, e mostra também como avaliar os resultados de uma negociação.

O oitavo capítulo mostra a importância da preparação para uma negociação e apresenta um modelo estruturado da negociação baseado no trinômio planejamento, execução e controle.

O nono capítulo trata da negociação dentro do ambiente de projetos, fazendo essa abordagem pelas áreas de conhecimento e pelas fases do projeto.

O décimo capítulo apresenta algumas ferramentas e técnicas para o apoio no planejamento de uma negociação.

O décimo-primeiro capítulo trata das formas de resolução de conflitos baseadas no Projeto de Negociação da Harvard Law School, além dos tipos de abordagem de conflitos e posicionamentos estratégicos.

O décimo-segundo capítulo apresenta alguns formulários para o auxílio na preparação de uma negociação.

O décimo-terceiro capítulo contém um questionário de múltipla escolha para ajudar na identificação do nível de conhecimento em negociações e um exercício para o reconhecimento das características de um bom negociador.

O décimo-quarto capítulo apresenta dois casos simulados de negociações para análise.

O décimo-quinto capítulo oferece algumas recomendações a serem observadas no processo de negociação.

Ao final, incluí um glossário com uma relação de termos utilizados no ambiente de negociações e seus significados.

Espero que o conteúdo deste livro possa servir como estímulo na busca de mais conhecimentos sobre esse assunto de tanta importância para o desenvolvimento profissional e pessoal de qualquer indivíduo.

Antes de começarmos a tratar desses assuntos tão relevantes para o nosso desenvolvimento profissional, recomendo a leitura do texto a seguir, que foi retirado de um livro que li na minha infância e que foi tão marcante a ponto de eu poder afirmar que sua leitura naquele momento influenciou o profissional que eu viria a me tornar tantos anos depois. Trata-se do livro "O Profeta", de autoria de Khalil Gibran. A leitura atenta do capítulo "Comprar e Vender" deste livro mostra de forma muito simples e direta do que se trata uma negociação: a obtenção de um acordo justo onde as partes envolvidas devem ter suas necessidades atendidas. Simples assim.

Comprar e vender

E um mercador disse: fala-nos de comprar e vender.

E ele respondeu, dizendo:

Para vós a terra produz seus frutos, e só os querereis se souberdes que possam encher as vossas mãos.

É na troca de presentes da terra que encontrareis abundância e sereis satisfeitos. Porém, se a troca não for feita com amor e justiça, vai levar uns à avareza e outros à fome.

No mercado, quando vós, trabalhadores do mar, dos campos e dos vinhedos, encontrardes os tecelões, os oleiros e os coletores de especiarias — invocai então o espírito mestre da terra, para que venha até vós e santifique a balança e o cálculo que pesa valor contra valor.

E não deixeis que os de mãos vazias participem de suas transações, aqueles que vendem as suas palavras pelo seu trabalho.

A tais homens deveis dizer:

"Vinde conosco para o campo, ou ide com vossos irmãos para o mar e jogai a vossa rede; pois a terra e o mar são tão generosos convosco como conosco."

E se virdes cantores e bailarinos e tocadores de flauta – comprai também seus dons.

Pois eles também coletam frutas e olíbano, e o que trazem, apesar de feitos de sonho, são vestimentas e alimentos para as vossas almas.

E antes de deixar o mercado, assegurai-vos de que ninguém vá embora de mãos vazias.

Pois o espírito mestre da terra não dormirá em paz até que a necessidade do último de vós seja satisfeita.

Trecho do livro *"O Profeta"*, de Khalil Gibran

1

||||||

Mercado

- **Mercado atual** → Cada vez mais a velocidade das mudanças e inovações aumenta. Tecnologias ficam defasadas e parâmetros se perdem em pouco tempo. A necessidade de se atualizar passa por outro ponto: planejamento.
- **Conceitos de mercado** → Reveja constantemente seus parâmetros, pois tendências vêm e vão e o mercado sempre oscila para novos horizontes.

Mercado atual

No século XIX o conhecimento humano (ciências, história, geografia, etc.) levava em média cem anos para dobrar. Até meados do século passado (século XX) o conhecimento humano passou a duplicar de quarenta em quarenta anos. Após a Segunda Guerra Mundial o conhecimento humano passou a dobrar a cada vinte anos. Na década de 60 se chegava ao dobro do conhecimento a cada dez anos.

Nos últimos anos do século que se encerrou, uma revolução com base na informação transformou nosso modo de pensar, produzir, consumir, negociar, administrar, comunicar – enfim, nosso modo de viver.

A tendência mundial hoje também aponta para a competitividade total. Quando o mercado muda, as tecnologias proliferam, a concorrência se multiplica e os produtos se tornam obsoletos quase que da noite para o dia.

Cada vez mais há equilíbrio nos padrões de serviço (tecnologia e qualidade), nos preços e na agilidade (das ofertas, das negociações e dos pedidos).

Esse panorama vem produzindo mudanças sensíveis na filosofia empresarial (organizacional). A sobrevivência e o sucesso de muitas organizações exigem que o foco das preocupações passe a ser "o que o cliente/usuário quer", "o que posso oferecer de melhor ao cliente/usuário". Diante da concorrência, a organização de sucesso sabe que precisa apresentar uma **vantagem competitiva**.

De forma geral, o diferencial se dá quando o cliente/usuário percebe em um produto/serviço um benefício claro e tangível para seus objetivos (de prazo, custo, qualidade...).

Exigências para as organizações

As organizações de sucesso são aquelas que sistematicamente criam novos conhecimentos, os disseminam pela organização inteira e rapidamente os incorporam em novas tecnologias e produtos. Como o conhecimento aumenta cada vez mais e em menos tempo, as organizações são compelidas a seguir o mesmo ritmo, isto é, aprender cada vez mais em um tempo cada vez menor.

O que se espera dos indivíduos

Como é impossível prever o conhecimento que será necessário no futuro, torna-se indispensável o desenvolvimento de habilidades que ajudem o indivíduo a se adaptar com facilidade ao novo e às circunstâncias marcadas pela mudança, pela incerteza e pela complexidade. Nesse cenário impõe-se um conjunto de competências, sobretudo no que diz respeito à capacidade de pensar, de resolver novos problemas e de implementar novas ações.

A cada ano, as empresas estão descobrindo que não basta ser tecnicamente excelente, é preciso também que o profissional seja maduro emocionalmente e que tenha flexibilidade de se adaptar às mudanças; capacidade de trabalhar em equipe e manter um bom relacionamento com os colegas; comprometer-se de fato com os objetivos; ser um empreendedor mesmo dentro da empresa; ter habilidades para negociar e gerar resultados efetivos; ser assertivo; ser um líder eficaz; ser ético; entre outras coisas. E isso vale para todas as áreas.

As organizações exigem que o profissional tenha visão sistêmica, ou seja, olhe a empresa como um todo. Devido a isso, o padrão de exigência na contratação de colaboradores fica cada vez maior.

O que se espera das carreiras

Não há dúvidas de que o mundo de amanhã será definitivamente diferente do mundo em que vivemos hoje. Muitas das profissões atuais desaparecerão e outras, que sequer imaginamos, exigirão habilidades, destrezas, atitudes e informações que atualmente não somos capazes de prever. Diante da perspectiva de novos desafios que tendem a surgir é que a nossa capacidade de atenção e compreensão será fundamental para nossa sobrevivência.

Além de tudo isso, profissionais com ótima bagagem técnica não conseguem permanecer por muito tempo no emprego por problemas de comportamento. No novo mercado de trabalho, as competências comportamentais estão em alta. É difícil lidar com pessoas no ambiente corporativo e manter bom relacionamento com elas em um período de crise e instabilidade. Daí a necessidade de ter profissionais que vençam essa dificuldade e sejam flexíveis, que aceitem as mudanças e saibam trabalhar sob pressão em ambientes novos.

Competências essenciais

- **Estruturais** – São aquelas que se relacionam às características individuais, aos valores, à visão e à missão da empresa. As mais valorizadas hoje em dia são: capacidade de realização, ética, criatividade/inovação, motivação, equilíbrio emocional, liderança e solução de problemas.
- **Gerenciais** – São aquelas diretamente vinculadas à responsabilidade de gestão propriamente dita. As mais valorizadas são: gestão de pessoas, comprometimento com resultados, orientação para cliente, pensamento estratégico, trabalho em equipe, gestão de mudanças, conhecimento do negócio e habilidade de negociação.
- **Técnicas** – São aquelas que se referem à cadeia de valores da empresa e aos conhecimentos funcionais necessários para executar tanto as atividades-fim como as atividades-meio. As mais valorizadas são: gestão de projetos, gestão de qualidade, educação e treinamento, relações com o mercado, logística, agressividade comercial, gestão do conhecimento e marketing.

Conceitos de mercado

Preço

É a quantidade de dinheiro necessária para comprar uma unidade de mercadoria ou serviço. Também pode ser definido como a importância efetivamente observada no mercado que se fixa para a compra ou venda.

Muitas pessoas têm dificuldades de estipular um preço justo em seus produtos ou serviços, pois às vezes executam tão bem e facilmente o seu trabalho que calculam o preço pelo seu esforço e não pelo valor. Neste caso o **preço** é dado pela sua visão de **valor** e não pela visão da outra parte.

Valor

Tem uma definição bem mais abrangente do que **preço**. É a referência pela qual determinada coisa pode ser estimada em maior ou menor grau intrínseco. Exemplificando: independentemente do **preço**, qual seria o **valor** de um saco de gelo para um esquimó? Este saco de gelo teria o mesmo valor para alguém no meio do deserto?

Também pode ser definido como as características ou os atributos pelos quais, de modo relativo (para um só ou para alguns), ou de modo absoluto (para todos), um determinado item (produto ou serviço) é estimado.

O que as organizações vencedoras fazem hoje para superar a concorrência, em vez de ficar disputando preços com seus oponentes, é a contínua **agregação de valor** aos seus produtos.

Atendimento da necessidade

Um conceito muito eficiente de mercado é **dar ao cliente não o que ele quer, mas o que ele precisa**. Para isso é necessária a constante busca do entendimento das necessidades do cliente.

Não produto

Este conceito fundamenta a permanente busca das organizações vencedoras em não só atender às necessidades dos clientes, mas também encontrar formas de fidelizá-lo oferecendo atendimento e serviços além da aquisição. Um bom exemplo é o daquela loja de materiais de construção que, além de oferecer os itens da tabela de preços, oferece também os serviços de técnicos (como arquitetos) para a orientação do cliente.

Concorrência direta

Quem são nossos concorrentes? A cada dia que passa fica mais difícil responder a essa questão. Uma loja de **chocolates finos**, por exemplo, pode ter como concorrente uma loja de **perfumes**, já que o foco da compra pode ser um presente. Uma reclamação constante das lojas de **materiais de construção** é a queda das vendas após a popularização da **telefonia celular**, pois devido ao gasto com esses serviços de comunicação a população de baixa renda tem comprado cada vez menos material para as usuais reformas e ampliações de suas residências. A percepção desse fenômeno pode ser um diferencial competitivo fundamental para a sobrevivência das organizações ou até mesmo dos profissionais.

2
||||||

Comunicação Interpessoal

A comunicação é muitas vezes ambígua. É necessário interpretar as informações com base no emissor. Nas negociações, os problemas de comunicação têm de ser detectados, analisados e resolvidos de imediato. A capacidade de comunicação e a competência em técnicas de comunicação são habilidades fundamentais de um bom negociador.

- **Conceitos de comunicação** → Definem os termos-chave e apresentam uma visão geral da comunicação humana.
- **Barreiras para a eficácia da comunicação** → Os problemas de linguagem verbal se devem, principalmente, às diferenças de repertório simbólico entre o emissor e o receptor. Na verdade, os significados não estão nas palavras ou símbolos, mas na percepção das pessoas quando as decodificam usando seu repertório pessoal criado ao longo da vida.
- **Fontes de conflito** → A comunicação humana não é feita apenas através da fala. É importante ter consciência de que as expressões faciais, os gestos, o olhar e até mesmo a velocidade dos movimentos podem ajudar ou atrapalhar a comunicação.

Conceitos de comunicação

Comunicação envolve a transmissão efetiva de informações e a interação entre os agentes – emissor e receptor. Ela é utilizada na criação de pré-condições adequadas para a motivação, o trabalho e a decisão do receptor.

Comunicar envolve troca de informação. O emissor é responsável por tornar a informação clara, coerente e completa, permitindo que o receptor a receba corretamente. O receptor é responsável por garantir que a informação tenha sido recebida de forma integral e entendida corretamente.

Comunicação

Comunicar significa tornar comum a compreensão de uma mensagem através de códigos verbais e/ou não verbais. A comunicação envolve: emissor, receptor, objeto da mensagem, canal e código utilizado. A comunicação pode ocorrer de diversas formas (oral, escrita, etc.) e por diversos meios (papel, meios eletrônicos, verbais, não verbais, etc.). A comunicação acontece em conversas, reuniões, encontros, seminários e conferências, bem como em negociações. Algumas das funções importantes do negociador são:

- Conhecimento de técnicas de apresentação de ideias.
- Conhecimento de meios e formas de comunicação.
- Conhecimento para organizar e comunicar ideias complexas de forma simples e adaptada a diferentes audiências e circunstâncias.

Emissor

Um dos elementos básicos do processo de comunicação: aquele que codifica a mensagem original produzida pela fonte e emite os sinais codificados ao receptor (eventualmente, emissor e fonte constituem um só elemento, para efeito de análise do processo de comunicação).

Receptor

Um dos elementos básicos do processo de comunicação: aquele que recebe os sinais transmitidos, decodificando-os de forma a recuperar a mensagem original produzida para atingir um destinatário (eventualmente, receptor e destinatário constituem um só elemento para efeito de análise do processo de comunicação).

Canal de comunicação

Via física por onde ocorre a comunicação. É destinada a prover comunicações entre dois ou mais pontos. Pode ser o telefone, o ar, a luz e assim por diante.

Codificação

Codificar uma mensagem significa traduzi-la em um código conhecido, ou seja, elaborar uma sequência de símbolos pertencentes a um determinado código. Todas as línguas humanas são códigos. Quando se usa uma palavra em lugar de outra, já está se alterando a codificação. Se o objetivo é mesmo o de comunicar, torna-se importante facilitar a **decodificação** de mensagens, principalmente devido ao jargão técnico existente em muitas áreas.

Feedback

Feedback é o retorno, a confirmação de que a mensagem foi compreendida ou não para que seja enviada novamente, recodificada ou não. Uma tradução mais fiel de *feedback* é "retroalimentação". Transmite a ideia de um processo contínuo de correção de decodificações durante o envio de uma ou mais mensagens.

Comunicação humana

O conceito de comunicação está sujeito a algumas complicações adicionais quando se trata da comunicação humana. Cada pessoa tem seu próprio sistema cognitivo, suas percepções, seus valores pessoais e suas motivações, constituindo um padrão pessoal de referência que torna bastante singular sua interpretação das coisas. Esse padrão pessoal de referência age como filtro codificador, de modo a condicionar a aceitação e o processamento de qualquer informação.

Aquilo que duas pessoas comunicam entre si é determinado pela percepção de si mesmo e da outra pessoa na situação. A ideia comunicada está intimamente relacionada com as percepções e motivações tanto da fonte (emissor) quanto do destinatário dentro de determinado contexto situacional. Daí resulta a percepção social.

A percepção social nem sempre é racional ou consciente. Percepção social é o meio pelo qual a pessoa forma impressões de uma outra, na esperança de compreendê-la.

A exatidão em perceber os outros não é uma habilidade simples. Todavia, a percepção social pode ser melhorada quando se leva em consideração que:

- Conhecendo-se a si mesmo, torna-se mais fácil ver os outros realisticamente.

- As próprias características do observador afetam as características que ele está propenso a ver nos outros.
- A pessoa que se aceita é mais propensa a ver favoravelmente aspectos da outra pessoa.

Assim, a percepção social, isto é, a impressão a respeito dos outros, é influenciada por:

- **Estereótipos –** Estereótipo é a imagem preconcebida de determinada pessoa, coisa ou situação. São usados principalmente para definir e limitar pessoas ou grupo de pessoas na sociedade. Sua aceitação é ampla e culturalmente difundida no ocidente, sendo um grande motivador de preconceito e discriminação. Pode ser definido também como a imagem preconcebida de determinada pessoa, coisa ou situação. Algumas definições dessa palavra colocam-na alinhada com o preconceito, mas se analisarmos essas definições e levarmos para o campo das profissões surge uma pergunta: há preconceito? Provavelmente sim! Chama-se de **"efeito estereótipo"** quando coletivamente determinados conceitos e imagens são aceitos como sendo verdade e/ou realidade através de regras não escritas. Se pararmos para pensar e refletir, veremos que em nossa vida pessoal e profissional esse efeito pode ter uma influência determinante. Superar o "efeito estereótipo" é um fator fundamental para a determinação do sucesso em uma negociação. Com o passar do tempo alguns estereótipos podem evoluir e se tornar paradigmas. **Paradigma** é um modelo mental que adotamos como sendo verdadeiro e representativo de um fato ou conjunto de acontecimentos. Os paradigmas tornam-se barreiras à nossa capacidade de aceitar e compreender as novas ideias. Para que os negociadores (juntamente com o próprio mercado) possam superar aqueles estereótipos – que já se tornaram paradigmas, haja vista a dificuldade em mudar a situação – deve haver uma nova visão acerca da outra parte, a qual deverá mostrar que a negociação não é um processo que deve ser visto com desconfiança porque teria como participantes indivíduos aproveitadores e não confiáveis.
- **Generalizações –** Processo pelo qual uma impressão geral – favorável ou desfavorável – influencia o julgamento e a avaliação de outros traços específicos das pessoas.
- **Projeção –** Mecanismo de defesa, mediante o qual o indivíduo tende a atribuir aos outros certas características próprias que rejeita inconscientemente.

Cada pessoa desenvolve seu próprio conjunto de conceitos para interpretar seu ambiente externo e interno e para organizar suas múltiplas experiências da vida cotidiana. O processo de percepção interpessoal é profundamente influenciado por essa codifi-

16 Negociação

cação perceptiva. Além do mais, a interação social normal é basicamente conservadora. As normas sociais operam para preservar os padrões de interação e de percepção existentes.

Comunicação verbal

É realizada através da utilização de palavras. Pode ser subdividida em oral e escrita. Outra subdivisão da comunicação verbal é formal e informal. Podemos considerar também outras classificações – vertical e horizontal, interna e externa. Como exemplos dessas situações temos:

- Comunicação formal oral → Discurso de um governante.
- Comunicação formal escrita → Escritura de propriedade.
- Comunicação informal oral → Conversa entre amigos.
- Comunicação informal escrita → Bilhete ou recado anotado.
- Comunicação vertical → Entre chefes e subordinados.
- Comunicação horizontal → Entre pares e parceiros.
- Comunicação interna → Dentro da organização ou do projeto.
- Comunicação externa → Com o cliente, a mídia, o público, etc.

Comunicação não verbal

É realizada através da linguagem corporal. A linguagem não verbal tem um enorme peso na comunicação interpessoal e na relação entre as pessoas. Ela é até mais importante do que a linguagem verbal. Ela é, inclusive, observada mesmo quando não tomamos consciência disso e nos afeta nos instintos mais básicos. Mesmo sem percebermos, isso impacta muito na nossa comunicação. Esse processo precisa ser equilibrado para evitar ambiguidades e mal-entendidos emocionais.

Os principais elementos não verbais são: expressão facial, movimento dos olhos, movimentos da cabeça, postura e movimento do corpo, velocidade, ritmo, volume e tom da voz, aparência pessoal.

A linguagem não verbal é involuntária, nem sempre obedecendo a uma lógica evidente ou mesmo à razão.

Conheça algumas técnicas de linguagem não verbal que podem ser utilizadas ao longo das negociações para demonstrar à outra pessoa que você se importa com ela:

- **Sorria** – Quando você sorri para as pessoas, transmite uma mensagem de que se importa com elas. Sorrir ajuda a apagar sentimentos negativos dirigidos a outros. O sorriso é usado desde a pré-história para comunicar a estranhos que nossa intenção é boa. Um sorriso é uma de suas melhores ferramentas para transmitir um sinal imediato de que sua proposta não visa prejudicar (observe que sorrir por muito tempo demonstra falsidade).
- **Adote uma postura aberta** – Quando você coloca seus braços por trás das costas (em vez de cruzá-los na sua frente), aparenta estar mais relaxado e receptivo a outros. Outra postura aberta é a dos braços estendidos dos lados do corpo, as palmas das mãos abertas e voltadas para dentro, indicando receptividade. Cruzar os braços ou mantê-los firmemente grudados ao corpo faz você parecer fechado e insensível. E virar de costas é a postura mais fechada de todas.
- **Aproxime-se** – Quando você se inclina em direção aos outros, em vez de se afastar, comunica seu interesse e sua disposição para ouvir. A proximidade transmite uma mensagem de ligação e receptividade. Dessa forma, quando você se senta na cadeira ao lado da pessoa com quem está conversando, inclinar-se um pouco em direção a ela demonstra que se importa com o que ela diz. Afastar-se da pessoa, virar as costas ou voltar-se para o seu lado demonstra que você está apenas parcialmente interessado na conversa.
- **Mantenha um contato físico** – Um aperto de mão, um abraço (quando for conveniente) ou um "tapinha" nas costas demonstram que você se importa com uma pessoa. O toque adequado no local de trabalho é o aperto de mão, que comunica interesse e receptividade de uma forma aceitável. Quando for conveniente, um "tapinha" nas costas pode acompanhar o aperto de mão. Esse tipo de toque eventual transmite sinais que podem reduzir o conflito ou melhorar as negociações quando as palavras parecem não funcionar.
- **Mantenha um contato visual** – Quando você mantém um contato visual com os outros, está dizendo que é digno de confiança, receptivo e que os outros podem acreditar em você. Quando desvia o olhar dos outros, as pessoas acham que não são importantes para você. Recusar-se a manter o contato visual também pode demonstrar que uma pessoa não está falando a verdade ou tem algo a esconder. Se você discordar de uma pessoa e olhar para a janela enquanto ela fala, estará transmitindo um sinal de que não está interessado nela. Quando ela faz uma pergunta e você se recusa a olhar para ela, está sugerindo que tem algo a esconder. Sempre mantenha contato visual ao negociar.

Concorde – Assentir com a cabeça demonstra que você está ouvindo e processando a conversa. Frequentemente, assentir com a cabeça pode ser confundido com aceitação, de forma que é recomendável suplementar o assentimento com comentários afirmativos quando for conveniente. Assentir também alimenta a conversa e estimula o falante. Comunica aos outros que você é receptivo a eles. Porém, assentir excessivamente aparenta confusão e você pode acabar parecendo idiota.

Uma comunicação não verbal pode ser um aviso de que a negociação não vai bem ou de que a outra parte não está pronta para o fechamento do acordo. A seguir são relacionados alguns sinais não verbais cujo entendimento pode auxiliar um negociador durante o processo:

Sinais que podem indicar defesa, suspeita ou dúvida
Não olhar para você
Braços cruzados
Pés/corpo voltados para a saída
Tocar ou esfregar o nariz
Mão sobre a boca

Sinais que podem indicar intranquilidade, tédio ou avaliação
Rabiscos
Tamborilar na mesa
Gestos com a mão no rosto
Mastigar as hastes dos óculos
Massagear o queixo

Sinais que podem indicar que a negociação está indo bem
Aceno positivo com a cabeça
Sons de aprovação, como "hã-hã"
Inclinação do corpo para frente
Sorriso

Comunicação paralinguística

É a linguagem definida através da entonação da voz e de sons não linguísticos que acompanham a fala e que permitem saber o estado em que o falante se encontra: se ele está se sentindo bem ou mal, se está mentindo ou não, etc.

Repare como uma frase pode ter seu sentido completamente alterado em função da forma pela qual nos exprimimos. Nos exemplos a seguir podemos observar a alteração no sentido da mesma expressão se alterarmos a palavra onde dermos a ênfase:

1. Eu não disse que ele roubou o dinheiro!
2. **Eu** não disse que ele roubou o dinheiro!
3. Eu não **disse** que ele roubou o dinheiro!
4. Eu não disse que **ele** roubou o dinheiro!
5. Eu não disse que ele **roubou** o dinheiro!
6. Eu não disse que ele roubou **o dinheiro**!

Contexto

Em um processo eficiente de comunicação devemos levar em consideração que, além das partes envolvidas, existe uma forte e determinante influência do contexto.

O contexto é o conjunto de fatores que compõem o meio onde se dá a comunicação. São características extralinguísticas que determinam diretamente o resultado do processo de comunicação, tal como o ambiente onde ela ocorre ou o grau de formalidade (ou intimidade) das partes. Um exemplo clássico da importância da observação do contexto seria a influência do local onde poderia ocorrer uma batalha entre um urso e um crocodilo. Se o embate ocorresse na água, a vantagem seria do crocodilo. Porém, se a luta se desse em terra, possivelmente a vantagem seria do urso.

Processos de comunicação

Um modelo muito interessante de processos de comunicação foi desenvolvido pelo Dr. Lair Ribeiro. Ele separou os processos de comunicação em três diferentes níveis:

1. **Boca → Ouvido** – Neste processo a comunicação se dá de forma completamente ineficiente, pois a percepção está voltada apenas para a emissão de sons, sem qualquer comprometimento com a compreensão do que está sendo dito.

2. **Cérebro → Cérebro** – Neste nível a comunicação se dá de forma mais eficiente do que a anterior, pois o ouvinte agora não está mais indiferente e passa a prestar a atenção no que está sendo dito.

3. **Coração → Coração** – Este é o nível mais eficiente de comunicação, pois a atenção entre as partes é integral e se dá de forma colaborativa e no intuito de atendimento às necessidades de ambos.

Para passar do nível 1 para o nível 2 é sempre recomendável fazer o seguinte:

- Substituir as **perguntas fechadas** (cujas respostas são limitadas a SIM ou NÃO) por **perguntas abertas** (nestas perguntas as respostas são mais abrangentes).
- Sempre que possível, falar o **nome** da outra parte. As pessoas sempre se sentem lisonjeadas e respeitadas quando ouvem o seu nome.
- Devemos seguir algumas regras em relação aos cumprimentos, mais especificamente em relação ao **aperto de mão**. Estes devem ser dados sempre com intensidade compatível com a outra parte.

Sugestões para a melhoria da comunicação

- **Pare de competir pela "pausa da respiração".** Frequentemente tratamos a comunicação como se estivéssemos em uma *competição*. É como se nosso objetivo fosse eliminar o espaço entre o fim da mensagem da outra pessoa e o início da nossa "resposta". Se você conseguir parar de tentar adivinhar o que a pessoa vai falar, *para ser mais ágil na resposta*, e ouvir atentamente o que ela fala, vai se sentir mais relaxado. A outra pessoa também se sentirá melhor. Pratique respirar depois que a outra pessoa terminou e antes de começar a falar.
- **Ser ouvido e entendido é um dos maiores desejos, talvez até necessidade, do ser humano.** Ouça, entenda e, principalmente, não queira estar *sempre certo*. Evite as tradicionais "batalhas de egos" ou, pelo menos, escolha suas batalhas. Deixe que os outros tenham seus momentos de "glória". Mesmo que este seja um hábito enraizado, pratique não corrigir ou mostrar sempre que sua posição é melhor, mais prática ou mais inteligente. É claro que às vezes é necessário, porém não deixe isso ser um hábito automático.
- **Evite o hábito de "calafetar".** Esta metáfora pode ser usada tanto para nossa atitude diante da vida como para a comunicação interpessoal. A ideia é que quando calafetamos (impermeabilizamos) alguma coisa estamos procurando por pequenos buracos ou irregularidades para corrigir. Podemos criar o hábito de procurar por erros ou por defeito nas coisas e nas pessoas mais íntimas, parentes ou colegas de trabalho. Normalmente são coisas pequenas, comentários sem maldade que nos habituamos a fazer e acabam virando nossa marca registrada. Esse comportamento, além de não adicionar quase nada ao outro, caracteriza você como uma pessoa com *necessidade* de criticar.

Julgamento

É importante lembrar que as pessoas normalmente são "julgadas" de acordo com os seguintes critérios:

- Pelo que fazem.
- Pela aparência.
- Pelo que dizem.
- Pela forma como dizem.

Por isso é muito importante estarmos atentos principalmente aos minutos iniciais de uma interlocução, pois, como diz um velho ditado: **"você nunca terá uma segunda oportunidade de causar uma primeira boa impressão"**.

Barreiras para a eficácia da comunicação

Existem várias dificuldades no processo eficaz da comunicação interpessoal. Entre essas dificuldades estão algumas bastante comuns que são chamadas de barreiras, que servem como obstáculos ou resistência à efetivação da comunicação. Essas barreiras são geralmente hábitos de natureza pessoal tanto do emissor quanto do receptor, que intervêm no processo de comunicação e que o afetam profundamente, fazendo com que a mensagem tal como é enviada se torne diferente da mensagem tal como é recebida.

A seguir é mostrada uma representação esquemática do modelo de comunicação do tipo "emissão-recepção" com barreiras de comunicação.

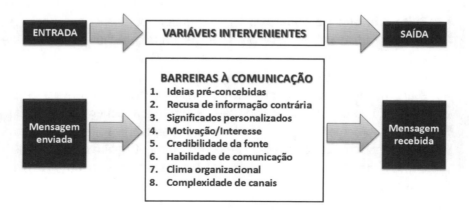

Comunicação Interpessoal **23**

Quanto à sua origem, podemos citar três tipos de barreiras à comunicação humana:

- **Barreiras pessoais** – São interferências que decorrem das limitações, das emoções e dos valores humanos de cada pessoa.
- **Barreiras físicas** – São as interferências que ocorrem no ambiente em que acontece o processo de comunicação.
- **Barreiras semânticas** – São as limitações ou distorções decorrentes dos símbolos por meio dos quais a comunicação é feita.

Barreiras pessoais	Barreiras físicas	Barreiras semânticas
Limitações pessoais	Espaço físico	Interpretação de palavras
Hábitos de ouvir	Distância	Translação da linguagem
Emoções	Interferências físicas	Significado de sinais
Preocupações	Falhas mecânicas	Significado de símbolos
Sentimentos pessoais	Ruídos ambientais	Decodificação de gestos
Motivações	Ocorrências locais	Sentido das lembranças

Na verdade, algumas barreiras encontram-se principalmente em nós mesmos. A seguir estão listadas algumas das possíveis barreiras existentes entre nós.

Barreiras do emissor

- **Dificuldades de expressão** – De adequação ou culturais.
- **Timidez ou receio de dizer o que pensa** – Medo de falar bobagens.
- **Falta de carisma** – Não conseguir prender a atenção do receptor.
- **Escolha incorreta do receptor** – A mensagem deveria ser redirigida.
- **Escolha inadequada do local ou do momento** – Péssima hora ou local.
- **Escolha inadequada do meio** – Telefone, memorando, pessoal.
- **Suposições prévias** – Começar supondo alguma coisa.
- **Transmissão indireta** – Usar intermediários poderá deturpar a comunicação.

Barreiras do receptor

- **Demonstração de pouco interesse** – Leva o emissor a abreviar.
- **Não incentivar o emissor** – Pode retrair um emissor tímido.
- **Preconceitos** – Ideias preconcebidas sobre o emissor ou a mensagem.
- **Distração ou preocupação** – Falta de concentração.
- **Comportamento defensivo** – Receber uma crítica ou acusação.

24 Negociação

- **Concluir antes** – Tirar conclusões precoces por achar que já sabe.
- **Competição** – Pensar na sua própria mensagem pode atrapalhar a recepção.
- **Tentar ler nas entrelinhas** – Procurar sempre "o que está por trás".

Barreiras de ambos

- **Emocional** – Emoção na mensagem dificulta a comunicação.
- **Intenções ocultas** – Distorcer a emissão ou recepção por interesses.
- **Hostilidade** – De uma ou ambas as partes.
- **Relacionamento** – Preocupações em não estragar ou testar a relação.
- **Hierarquia ou status** – Desconsiderações ou receios podem atrapalhar muito.
- **Ambiguidade** – Palavras de duplo sentido, emitidas ou atribuídas.
- **Repertório emocional** – Pontos de vista distintos da mesma situação devido às diferenças culturais.

Fontes de conflito

Vale ressaltar uma parte inevitável do processo de negociação: nunca existe uma única fonte de conflito e ninguém que esteja envolvido nele pode ser neutro de alguma forma. O problema não é fazer com que as partes se comuniquem, mas que se comuniquem eficazmente sobre assuntos em que haja oportunidade de acordo. Na maioria das vezes esses assuntos estão encobertos por preconceitos que atuam contra o argumento de que, independentemente de qual seja o conflito, ninguém está errado!

Tais preconceitos são os seguintes:

- **Imagem espelhada** → Cada parte considera as opiniões dos outros como contrárias às suas e avessas a elas. Portanto ambas as partes estão cegas a oportunidades de acomodação ou acordo.
- **Interpretação diferente dos mesmos fatos ou ações** → As partes apenas veem o que querem ver e apoiam qualquer interpretação que considerem mais compatível com seus objetivos predeterminados.
- **Padrões duplos** → As partes julgam os próprios atos por padrões distintos dos que utilizam para julgar os da outra parte.
- **Posições polarizadas em um único assunto** → As partes se concentram em um único assunto que lhes interessa e em uma fonte de informações, e encaram sua tarefa como forçar a outra parte a se render incondicionalmente.

Palavras incitadoras da discórdia

Psicólogos e sociólogos concluíram que algumas palavras ou expressões prenunciam **"perigo"**. Tais termos aborrecem as pessoas rapidamente. Uma vez que sua meta na negociação é chegar a um acordo e a uma solução, você precisa evitar palavras que deixem os outros em posição negativa ou de defesa. Conheça algumas dessas palavras e evite-as:

- **"Você"** – Esse simples pronome, quando utilizado excessivamente, é o mesmo que apontar um dedo para outra pessoa. É por isso que frases com "eu" são tão importantes quando você negocia. Estudos concluíram que quanto mais a pessoa utiliza o pronome "você", mais aborrecida a outra pessoa fica. Então, formule suas frases com comentários do tipo: "eu prefiro que levemos uma conversa tranquila" (no lugar de "como você ousa gritar comigo?") ou "eu fico irritado quando isso acontece" (no lugar de "você me deixa muito louco!").
- **"Mas"** – Essa conjunção é negativa. Nega tudo o que veio anteriormente a ela e automaticamente leva por água abaixo o processo de negociação. Se você disser: "você é um funcionário estimado, mas quero falar com você a respeito de seu atraso no trabalho", terá negado a afirmação positiva de que o funcionário é estimado. Se você substituísse a conjunção "mas" por "e", diria: "você é um funcionário estimado, e quero falar com você a respeito de seu atraso no trabalho". Essa afirmação dá igual valor a ambas as frases e não nega o que é positivo.
- **"Não dá"** – Sua avó já lhe disse para nunca usar essa palavra e ela estava certa. "Não dá" implica falha, o que significa que uma pessoa nunca mudará. Quando você diz ao outro: "não dá para entender você", isso implica que você nunca o entenderá, o que faz qualquer tentativa de negociação parecer inútil.
- **"Sempre" ou "Nunca"** – Generalizações como essas implicam que alguma coisa acontece 100% do tempo. "Você está sempre atrasado para o trabalho. Nunca aparece na hora". Você está exagerando quando quer dizer que algo seja dessa maneira. É muito difícil alguém gostar de ser o destinatário de uma acusação do tipo "sempre/nunca". Evite essas duas palavras quando negociar.
- **"Deveria ter" ou "Teria que ter"** – A família do "faria", "deveria", "teria", "teria que" ou "poderia ter" exige que as pessoas cumpram a satisfação de seus padrões.

3
|||||

Habilidades do Negociador

Para a obtenção de um bom resultado em negociações é necessário possuir certas habilidades. Algumas pessoas adoram negociar e possuem habilidades naturais para esse processo. Para outras menos confiantes em suas habilidades, pode parecer assustador. Quem não possui essas habilidades natas pode adquiri-las com algum esforço e treino. A primeira etapa para esse desenvolvimento é a identificação dessas habilidades. Além disso, conhecer as abordagens que os negociadores experientes utilizam também é uma forma de se desenvolver nessa área.

- **Características do bom negociador** → São considerados bem-sucedidos os negociadores que possuem um histórico de obtenção de acordos e baixa quantidade de falhas em sua implementação. Conhecer as características dos negociadores experientes pode influenciar positivamente as pessoas que buscam aperfeiçoar as suas próprias qualidades.
- **Tipos de abordagens** → Em uma negociação existem diversas maneiras de se fazer a abordagem. Saber identificar alguns tipos de abordagens pode fazer a diferença durante esse processo.

Características do bom negociador

Principais atributos

Segundo o coordenador do Curso de Formação de Negociadores da FGV-RJ, **Eugenio do Carvalhal**, um bom negociador deve reunir um conjunto de características especiais. São comportamentos que diferenciam os negociadores e que, quando articulados de forma integrada, influenciam positivamente o desempenho das pessoas em situações de negociação.

Essas práticas, quando fortalecidas, poderão ser empregadas de forma eficaz em qualquer negociação.

Esses comportamentos não diferem muito, nos seus aspectos essenciais, entre os negociadores de diversas culturas, mas é importante reconhecer tais atributos sob a ótica específica dos negociadores brasileiros. Por isso foi realizada uma pesquisa com mais de seiscentos negociadores de diversas regiões do país.

Dentre as características apontadas, foram selecionadas as cinco mais relevantes:

1. **Conhecimento do tema** – É importante conhecer o tema que está sendo negociado. É fundamental estar familiarizado com as regras do jogo e dominar a terminologia e os jargões utilizados no ambiente onde as negociações se desenvolvem.
2. **Planejamento da negociação** – Sem planejamento, nada feito. Prepare-se, saiba antecipar o posicionamento estratégico e os próximos passos táticos do seu interlocutor. O planejamento permite articular pontos de recuo e pensar em alternativas, opções e planos contingenciais.
3. **Raciocínio sob pressão** – Aprenda a raciocinar clara e rapidamente sob pressão e incerteza. A racionalidade permitirá entender, calcular, deduzir ou julgar algo com maior precisão e agilidade em momentos de tensão. Utilize os diversos aspectos da inteligência: lógica, analítica e, muito importante, a emocional.
4. **Transparência de emoções** – Deixar ou não deixar transparecer suas emoções nos momentos adequados é muito importante. Tenha controle sobre si mesmo e compreenda que as emoções afetam a outra parte também.
5. **Capacidade de ouvir** – Saiba ouvir. Esse é um componente fundamental para identificar as demandas da outra parte, suas necessidades e seus interesses.

	Características de um negociador eficaz (brasileiro)	Pontos
01	Conhecimento do tema/assunto que está abordando	532
02	Capacidade de raciocinar clara e rapidamente sob pressão e incerteza	334
03	Capacidade de planejamento e preparação	253
04	Capacidade de debater: formular perguntas e respostas, argumentar	174
05	Capacidade de persuasão/Convencimento	158
06	Percepção das necessidades e reações ocultas – próprias e do outro	145
07	Persistência e determinação	124
08	Capacidade de ganhar o respeito e a confiança da outra parte	81
09	Habilidade para escutar	49
Resultado obtido através de ponderação com pesos de 1 a 5 para as escolhas		

Diplomacia de resultados

Durante 46 anos o embaixador mineiro **Paulo Tarso Flecha de Lima** representou os interesses do Brasil no exterior. Servindo nas embaixadas de Londres, Washington e Roma, participou de negociações históricas. Com seu estilo agressivo e direto arrebanhou aliados e inspirou ódio entre os inimigos.

Quando sentava à mesa de negociação era um cavalheiro, mas sempre foi firme em suas posições. "Eu não acredito em negociação *soft*. Tem que ser *hard*, sempre. Se você não for duro, acaba passando por ingênuo ou incompetente", diz.

Em 1998, no auge da briga entre Estados Unidos e Brasil em torno da lei de patentes, representantes dos dois países sentaram-se para negociar. De um lado da mesa estava Flecha de Lima. Do outro, a advogada Charlene Barshefsky, representante comercial dos Estados Unidos. Num determinado momento, a secretária ironicamente usou a palavra "pirataria". O diplomata brasileiro respondeu no ato: "vamos continuar nos tratando educadamente ou, a partir de agora, iremos agir como realmente somos?". O embaixador costuma dizer que sua escola de negociação foi a vida. Ao longo dos anos, criou sua própria cartilha que resume quatro princípios para um bom negociador: planejamento, argumentação sólida, conhecimento do adversário e transparência. Flecha de Lima se aposentou da diplomacia em 2001, mas nunca parou de negociar. A seguir, os conselhos do embaixador, que podem ser usados para todos os tipos de negociação:

1. **Planeje com antecedência** – Tente antever todas as possibilidades que serão levantadas durante a discussão do acordo. O bom planejamento é fundamental para tudo.
2. **Construa uma boa base de argumentação** – A diferença entre um bom negociador e um mediano é a forma como é feita a base de argumentação. O bom negociador tem uma argumentação sólida. Se precisar, ponha no papel sua linha de raciocínio.
3. **Conheça seu adversário** – É fundamental saber quem está do outro lado. E para isso valha-se de tudo. Desde base documental até ouvir amigos de seu interlocutor e os inimigos também. O importante é reunir o maior número de informações a respeito do seu interlocutor. Isso ajuda a entender a forma como ele pensa e age em diferentes situações.
4. **Jamais blefe** – O blefe é um dos piores artifícios que um negociador pode usar. Uma vez descoberto, ele acaba com toda a confiança que existe entre as partes. E terminada a confiança, acabou a negociação.

Ganhando a confiança

Em toda negociação há uma série de variáveis envolvidas. A sorte e o estilo de seu interlocutor são duas delas. Mas existe também uma parte que não muda e deve sempre ser levada em conta, não importa quem esteja do outro lado. Ganhar a confiança dessa pessoa é indispensável para que as coisas andem bem.

"Hoje as empresas e os executivos buscam parcerias de longo prazo num ambiente econômico que muda a todo instante. Sem um nível mínimo de confiança é impossível chegar a um acordo", diz Deepak Malhotra, economista e professor de Harvard.

Malhotra escreveu um ensaio que aponta seis maneiras de estabelecer confiança em uma negociação. Elas parecem óbvias e realmente são, mas muitas vezes são justamente esses cuidados que as pessoas esquecem quando estão tentando fazer um acordo.

1. **Faça concessões** – Saber abrir mão de um interesse em favor do outro pode ser uma das formas mais eficientes de estabelecer confiança. Antes de se sentar à mesa, estabeleça notas para os pontos que irá negociar. Esse artifício dá uma boa ideia de quanto determinado item é importante para você e quais são aqueles de que se pode abrir mão sem maiores prejuízos.

2. **Crie um vínculo de dependência** – Você precisa fazer seu interlocutor entender os benefícios únicos que ele terá se ficar do seu lado. Ou os prejuízos, no caso de não o adotar como parceiro.
3. **Use sua reputação** – Nas negociações, sua reputação sempre o precede. Por isso, introduza um parceiro externo que goze de prestígio perante a outra parte. Faça com que essa pessoa interceda a seu favor, ressaltando suas qualidades. O ideal é que ela faça isso antes, em uma ligação telefônica ou em um encontro com seu interlocutor.
4. **Seja transparente** – No início, seu parceiro vai avaliar da pior forma possível suas intenções e interesses. Portanto, seja claro, objetivo e conciso. Antes da negociação, Flecha de Lima tinha o hábito de preparar seus argumentos e de, se necessário, desenhar a linha de raciocínio que iria seguir. "Gaste tempo explorando, tentando esgotar todas as possibilidades. Durante uma reunião, nunca deixe a outra pessoa com dúvidas", diz.
5. **Fale a língua do seu interlocutor** – Esse princípio vai além de entender o idioma ou os termos técnicos do negócio que está sendo realizado. É preciso compreender a história, a cultura e a perspectiva da outra parte. É o que o professor William Ury chama de vestir os sapatos alheios.
6. **Maximize os ganhos** – O radicalismo na hora de negociar está ultrapassado. Na medida do possível, o acordo deve sempre ser feito na base do ganha-ganha. Afinal, você certamente terá oportunidade de negociar com aquela pessoa novamente.

Tipos de abordagens

Existem inúmeros tipos de abordagens em negociações. Dentre esses tipos podemos destacar:

1. **Cobertor** – Nesta estratégia o negociador revela tudo aquilo que pretende conseguir de uma única vez.
2. **Isolar** – Nesta estratégia o negociador isola a questão que é essencial à outra parte.
3. **Surpresa** – Consiste em uma mudança de abordagem para deixar a outra parte sem defesa.
4. **Intimidação** – Usada para debilitar a outra parte, colocando-a na defensiva. Esta estratégia pode ter a forma de ameaça.
5. **Silêncio** – Esta estratégia visa causar um certo embaraço ou mesmo insegurança na outra parte.

6. **Autoridade limitada** – Consiste em esperar que a outra parte indique a sua posição e então afirmar que o que se pretende necessitará de aprovação superior e levará mais tempo.
7. **Drible** – É usada quando uma das partes dá a impressão de que quer uma coisa quando na verdade almeja outra.
8. **Retirada aparente** – Esta estratégia é caracterizada quando uma das partes leva a outra a pensar que não está disposta a prosseguir na discussão da questão. O objetivo é levar o oponente a ceder um pouco a sua posição.
9. **Abstinência** – Consiste em adiar uma decisão ou em um pedido de tempo para meditar sobre a questão.
10. **Fato consumado** – Neste caso o negociador atinge o seu objetivo esperando obter a aceitação porque a mudança pode não compensar o tempo e o esforço da outra parte.
11. **Bom sujeito/Mau sujeito** – Pode ser eficaz com um membro da organização fazendo o papel de "durão" enquanto o seu colega parece ser razoável e acessível ao diálogo.
12. **Fatiar** – Esta estratégia nos permite conseguir o que queremos sem que isso se torne muito evidente. Conseguimos passo a passo nossas pretensões em vez de tudo de uma só tacada.
13. **Reversão** – Consiste em agir da maneira oposta daquela que seria esperada pela outra parte.

Em relação a todas essas estratégias descritas, cabe ressaltar que nenhuma é eficaz caso:

- Seja reconhecida pela outra parte.
- Não haja disposição de ambas as partes em encontrar uma solução.

Cabe também ressaltar que para o sucesso efetivo de uma negociação é fundamental que se tenha o máximo de informações sobre a questão. No caso de negociações comerciais, é também essencial o conhecimento dos valores de mercado.

4

||||||

Conhecendo a Outra Parte

Um bom negociador deve ter consciência de que as negociações podem ser prejudicadas pelas distintas percepções causadas em função das diferenças de personalidades e reconhecer que os comportamentos podem variar em função do sexo, da idade, da cultura, da religião ou da nacionalidade.

Uma vez que a personalidade do negociador é um elemento crítico em toda negociação, conhecer um pouco da outra parte pode ser o diferencial para um bom resultado final em uma negociação.

- **Estilos de negociadores** → Identificação dos diferentes Estilos Pessoais de Negociação (EPN).
- **Influência cultural** → Ter consciência das divergências culturais pode ser a diferença entre o sucesso e o fracasso em uma negociação. A questão que se coloca, portanto, a partir dessa constatação inquestionável é a de como abordar corretamente o assunto e o que fazer para tratar essas questões com sucesso.
- **Estilo regional** → Como as diferenças culturais no país influenciam a forma de fazer negócios.
- **Diferenças de gênero** → A influência dos aspectos emocionais e a diferença entre o comportamento de homens e mulheres nas negociações.

Estilos de negociadores

Não há uma pessoa igual à outra, porém o comportamento das pessoas obedece a uma série de padrões que podem ser agrupados e analisados por categoria. A seguir são descritos os Estilos Pessoais de Negociação (EPN):

- Inovador
- Comunicador
- Processador
- Ativador

Inovador

Os negociadores com esse estilo têm as seguintes características:

- Pensam grande.
- Pinçam ideias espontâneas do grupo.
- Ampliam a percepção das pessoas sobre o problema.
- Criam diversas opções.
- Separam as pessoas do problema; abstêm-se de atacar o ponto de vista dos outros, mas, de preferência, observam o que há ao redor e por trás das pessoas.
- Fazem perguntas abertas, ouvem reflexivamente e contêm o julgamento.
- Encorajam o outro lado a fazer sugestões.
- Concentram-se em interesses mútuos, não em pontos de vista individuais, evitando resultados fixos.
- Procuram ganhos de todas as partes envolvidas.

As pessoas dotadas de um estilo de negociação **inovador** tendem a fazer perguntas começando com "por que..." – como: "por que não fazer assim...?" – e a explorar muitos aspectos de uma determinada situação. Pensam por conceitos amplos, encontram novas alternativas e oportunidades e buscam maneiras abertas, inovadoras e criativas de resolver problemas.

Às vezes, no entanto, elas podem ser consideradas pelos outros como pessoas "malucas", com a cabeça nas nuvens e incapazes de tomar decisões ou assumir responsabilidades. Portanto, os inovadores precisam embasar o seu estilo de negociação com boas técnicas de comunicação e pesquisa, além de firmeza na tomada de decisões.

34 Negociação

Comunicador

Os negociadores desse estilo costumam agir da seguinte maneira:

- Não mergulham diretamente na negociação, mas dão um tempo para construir uma atmosfera de confiança, hospitalidade e sociabilidade. Buscam construir um relacionamento produtivo.
- São rápidos na seleção de equipes, em conduzir reuniões de instruções e também no estabelecimento de papéis.
- Gostam de exibir uma frente de trabalho unida e de manter uma ampla base de poder.
- Demonstram compreender que as emoções são legítimas, permitem que as pessoas liberem a sua tensão e exploram suas necessidades e preocupações, mostram seus sentimentos, fazem as pessoas rirem, demonstram impaciência, frustração e prazer.
- Reconhecem que a negociação é um relacionamento entre as partes, em que cada uma deve ver o ponto de vista da outra.
- Oferecem uma saída ao outro lado no acordo, salvando as aparências.
- Usam declarações simbólicas, como notas de agradecimento e telefonemas de acompanhamento.

As pessoas dotadas de um estilo de negociação **comunicador** tendem a perguntar "quem?" em vez de "por que?". Possuem um estilo voltado para o pessoal que se baseia na comunicação, na construção de relacionamentos, no trabalho em equipe e na compreensão das necessidades das pessoas. Possuem valores e crenças fortes, consideram os sentimentos tão importantes quanto os fatos e são bons motivadores.

Algumas vezes, contudo, podem ser consideradas pelos outros como emocionais e julgadoras demais. Precisam fundamentar seu estilo com técnicas de escutar (uma pessoa com esse estilo prefere falar a escutar), baseando-se em fatos, assim como em opiniões, e tomando decisões baseadas em critérios objetivos e não emocionais.

Processador

Os negociadores com esse estilo são pessoas que:

- Planejam a negociação e descobrem o máximo possível sobre o outro lado.
- Tentam antecipar as objeções e estratégias do outro lado, exploram as possíveis concessões (chegam mesmo a interpretar a negociação previamente).

Conhecendo a Outra Parte **35**

- Estabelecem uma agenda e negociam por objetivos.
- Resistem a pressões temporais.
- Negociam questões, não personalidades.
- Concentram-se em fatos, legitimidade. Citam precedentes, utilizam estatísticas, referem-se a especialistas.
- Definem limites, prendem-se à agenda, limitam sua própria autoridade para chegar a decisões finais.
- Evitam o envolvimento pessoal.
- Pedem, e colocam, as informações por escrito.

As pessoas dotadas de um estilo de negociação **processador** tendem a perguntar "como vamos fazer isso?" em vez de "por que estamos fazendo isso?" ou "quem estará envolvido?". É um estilo que se baseia em fatos e provas em vez de se basear em sentimentos, com ordem e método, planejamento e procedimentos, e testando as ideias antes de colocá-las em prática.

Os processadores, contudo, às vezes podem ser vistos pelos outros como exigentes, meticulosos e pedantes, presos a regras, burocráticos e muito lentos para tomar decisões. Portanto, precisam considerar os sentimentos tanto quanto os fatos, atentar tanto para as perspectivas mais amplas quanto para os detalhes e considerar as mudanças e inovações, assim como as diretrizes estabelecidas.

Ativador

Os negociadores com esse estilo são indivíduos que:

- Costumam ser lembrados como metódicos e eficientes.
- Expressam-se com clareza e vão direto ao assunto.
- Fazem perguntas para obter mais informações e explicações.
- Ouvem com atenção visando as falhas de comunicação.
- Pensam "com os pés no chão", o que significa que são rápidos em vislumbrar alternativas, mesmo ao sabor do momento.
- Desconfiam de ambiguidades, preferindo acordos formais (minutas e contratos).
- Levam em conta o ambiente como um todo, o que significa que suas decisões tendem a ser específicas, de acordo com a situação. Uma pessoa com estilo de ativador é essencialmente pragmática e seu lema é "será que isso funciona?".
- Não procuram desculpas para os problemas.

- Utilizam modelos objetivos de solução de problemas.
- Estão preparados para ceder em questões menores em troca de acordos em outras questões maiores.

As pessoas dotadas de um estilo de negociação **ativador** são inclinadas a perguntar "o que vamos fazer?" em vez de "por que vamos fazer isto?", "como devemos fazer isto?" ou "quem está envolvido?". Trata-se de um estilo de ação que aceita de bom grado desafios e mudanças (geralmente os criando), identifica objetivos, toma decisões e visa resultados. As pessoas com esse estilo gostam de assumir a responsabilidade de estabelecer e cumprir metas; valorizam a eficácia e a produtividade. Elas se baseiam fortemente no *feedback* dos outros e em suas próprias experiências em situações semelhantes no passado.

Os ativadores, contudo, podem ser às vezes considerados muito exigentes e mesmo agressivos. Portanto, precisam considerar os sentimentos dos outros, cultivar a paciência e retardar as decisões até terem acumulado uma variedadede de informações relevantes.

Fonte: Técnicas de Negociação
Elizabeth M. Christopher – Clio Editora

Influência cultural

Cultura é a "totalidade de padrões de comportamento transmitidos socialmente, artes, crenças, costumes e outros produtos de trabalho e pensamento humano". Todo projeto deve funcionar dentro do contexto de uma ou mais normas culturais. Essa área de influência inclui práticas políticas, econômicas, demográficas, educacionais, étnicas, religiosas e outras áreas de costumes, crenças e atitudes que afetam a forma como as pessoas e as organizações interagem.

Diversos fatores, tais como os culturais, geoeconômicos e religiosos, influenciam no modo de pensar e agir dos indivíduos. A maneira como os povos de cada cultura abordam os conflitos e negociam pode ser completamente diferente: alguns mais racionalmente, outros mais emocionalmente; alguns com uma ótica mais material, outros mais humanistas.

Tradições, gestos e palavras têm significados próprios para cada povo, para cada religião e cultura, e o negociador deve dar a eles a devida consideração e importância, se realmente deseja ter êxito em suas negociações.

Portanto, deve ficar clara a importância da cultura, evitando-se, porém, qualquer tipo de generalização indevida. É preferível, consequentemente, pensar ou preparar-se em função da cultura específica do negociador do outro lado.

Conhecendo a Outra Parte **37**

O sucesso, na realidade, começa por uma boa preparação da negociação, onde se deve procurar estar sintonizado em onde se manifestam as diferenças culturais e quais são os seus efeitos no processo de negociação. Quando a negociação tem êxito, os dois lados ganham. E este deve ser um objetivo a ser alcançado. Para que isso aconteça, alguns pontos devem ser observados:

- Compreenda a importância das culturas no processo de negociação.
- Disponha de um modelo teórico a respeito dos fundamentos de uma negociação, sobretudo no que tange aos seus aspectos universais, ou seja, aqueles inerentes ao ser humano, independentemente de sua cultura e consequente nacionalidade.
- Saiba como transformar esses aspectos universais de forma a adaptá-los às realidades específicas, ou seja, às várias culturas.
- Saiba onde obter informação, como, por exemplo, em embaixadas de seu país nos países em que vai negociar.

E quais são esses aspectos universais? Não importa qual seja a cultura, os seres humanos negociam porque têm interesses que podem ser atendidos através da negociação. Sempre existem interesses comuns e opostos. Os comuns levam ao sentimento de identificação. Os opostos, à polarização ou ao antagonismo. Identificar os interesses que aproximam ou afastam é um dos primeiros passos a serem seguidos.

Tudo isso pode ser mais bem considerado quando se dispõe de um modelo de negociação, pois a qualidade do nosso pensamento depende dos modelos que utilizamos.

O modelo a seguir leva em consideração os seguintes aspectos, que estão presentes em toda e qualquer negociação:

- Os cenários da negociação.
- O conhecimento do assunto objeto da negociação.
- A habilidade de relacionamento.
- O processo de negociação.
- A realidade pessoal dos negociadores.

Devem ser considerados três cenários:

- Os negociadores diretamente envolvidos na elaboração do acordo, bem como o ambiente físico em que se realiza a negociação.
- As pessoas importantes que de uma forma ou de outra exercem influências sobre os negociadores, bem como tudo que se relacione com o apoio logístico.
- As variáveis macroeconômicas, sociais e culturais.

38 Negociação

O conhecimento do assunto é outro ponto de capital importância, pois de sua compreensão depende o estabelecimento correto da margem de negociação, assim como a construção de alternativas e critérios objetivos que sirvam como referências à definição do acordo.

Na habilidade de relacionamento devem ser levados em conta pontos que estão presentes em toda e qualquer cultura, como, por exemplo, as necessidades de todo ser humano de realização, aceitação, reconhecimento e segurança, como também a diferenciação entre os vários estilos de negociação que se manifestam dentro de uma mesma cultura.

O processo de negociação diz respeito aos procedimentos a serem utilizados desde o início até o final, ou seja, a definição e o cumprimento do acordo. Um negociador experiente sabe que a negociação não se encerra quando o acordo foi firmado, mas, sim, quando ele foi devidamente implementado.

A questão que se coloca a seguir é onde coletar informações relevantes. Existem algumas fontes, entre elas as embaixadas e as pessoas que já negociaram no país em questão. Mas não resta a menor dúvida de que, se tivermos informações de quem negociou especificamente com quem vamos negociar, estaremos de posse de uma informação de fonte muito preciosa.

Assim, deve-se ter sempre em mente o fato de que cada terra tem seus costumes e, portanto, nada mais acertado do que seguir o ditado: "quando estiver em Roma, aja como os romanos". Mas, de qualquer forma, devemos lembrar que todo ser humano tem algumas necessidades que devem sempre ser consideradas, entre elas a de querer ser tratado com respeito e dignidade

Fonte: Negociação Total: encontrando soluções,
vencendo resistências, obtendo resultados
Ed. Gente – José Augusto Wanderley

Estilo regional

Além de estabelecer uma relação de confiança, você deve também prestar muita atenção na maneira como seu interlocutor negocia e mudar sua abordagem em função disso. Cada país, cada cultura, cada sociedade tem suas próprias características e o mesmo se aplica ao perfil dos negociadores com os quais você se defrontará em toda a sua vida profissional ou privada. Eles são e serão pessoas bem diferentes umas das outras.

Muitas vezes em um mesmo país os negociadores reagem de forma diferente a partir de sua formação, do ambiente e, sobretudo, da influência sociocultural regionalizada. Assim sendo, ao olhar para o Brasil – país de extensão continental –, você irá encontrar negociadores com ações e reações surpreendentemente diferentes e, se quiser ter sucesso, agregar valor e vencer, é importante que você conheça as particularidades do perfil dos outros negociadores considerando as diferenças regionais.

O professor Eugenio do Carvalhal, coordenador do Curso de Formação de Negociadores da Fundação Getúlio Vargas, no Rio de Janeiro, realizou um estudo que traça o perfil do negociador brasileiro.

A pesquisa apresentou aos executivos uma ficha com cem adjetivos, baseados em diferenças culturais conhecidas, que deveriam ser escolhidos de acordo com a origem do negociador avaliado. Os resultados da pesquisa são descritos a seguir:

- **Rio de Janeiro: extroversão e informalidade.** Os cariocas têm grande capacidade de adaptação. A informalidade excessiva, no entanto, pode soar como falta de compromisso com resultados e pouca capacidade de organizar ideias, especialmente diante de pessoas mais assertivas.
- **Belo Horizonte: calma e desconfiança.** Tranquilos e prudentes na hora de fechar um acordo, negociadores de Belo Horizonte também costumam ser bons de barganha. A desconfiança e o silêncio, porém, podem deixar a outra parte insegura, receosa de revelar informações importantes.
- **Curitiba: conservadorismo e frieza.** Os curitibanos são objetivos e focados no fechamento do negócio. Por vezes assumem uma postura muito formal, o que pode dificultar uma conversa mais aberta. Saiba respeitar o espaço pessoal.
- **Porto Alegre: altivez e franqueza.** Os gaúchos são objetivos e gostam das coisas ditas de forma direta, sem rodeios ou divagações. A principal questão é que o orgulho e certo excesso de autoestima os deixam com fama de parciais e pedantes.
- **São Paulo: orgulho e ousadia.** O negociador paulistano é organizado, objetivo e trabalha por resultados. Pode parecer frio e sistemático. Usar um tom mais conciliador ajuda a diminuir as barreiras e até a acelerar o desfecho do negócio.
- **Recife: criatividade e disponibilidade.** Os recifenses sempre usam sua criatividade para encontrar soluções que evitem o confronto direto. São também muito prestativos. É importante, no entanto, ser firme na defesa de suas propostas.

Resultados publicados na Revista Você S/A.

Como a pesquisa foi feita

O levantamento, iniciado em junho de 2001, ouviu 823 executivos do país inteiro e dá uma ideia de como os brasileiros se comportam quando o assunto é negociação. O foco da pesquisa não foi o que os executivos falaram sobre si mesmos, mas o que os profissionais que sentaram do outro lado da mesa disseram sobre negociadores de diversas capitais.

Diferenças de gênero

Sob o domínio da ansiedade

Nada é mais prejudicial do que a ansiedade em uma mesa de negociação. Essa é a conclusão de Leonard Greenhalgh, professor de administração, gestão de relacionamentos e negociação na Tuck School of Business, nos Estados Unidos.

Há muitos anos Greenhalgh estuda a influência dos aspectos emocionais em uma negociação. A novidade é que ele descobriu que, nessa hora, a ansiedade age de forma diferente em homens e mulheres.

"Todos devem ser capazes de entender como a ansiedade afeta a personalidade. A melhor forma de administrá-la é evitar que dê lugar a reações intempestivas", diz Greenhalgh. Veja as principais diferenças no comportamento deles e delas durante uma negociação:

Homens	Mulheres
Angustiam-se quando percebem que estão a ponto de perder um bom acordo	Se tiverem de partir para um confronto, ficam aflitas porque valorizam relacionamentos de longo prazo
São mais competitivos e presos aos aspectos formais e visíveis envolvidos em uma negociação	Conseguem identificar no gestual do interlocutor se ele está mais receptivo ou não a uma proposta
Ficam aflitos quando surpreendidos por algo que não estava em seus planos. Nessa hora tendem a ficar agressivos ou evasivos	A ansiedade toma conta delas quando percebem que os sinais do interlocutor são desencontrados ou se percebem que ele está jogando para obter vantagem

5
||||||

Conceitos Básicos de Negociação

Quando as pessoas não têm o poder de decisão sobre um determinado resultado ou comportamento, elas negociam – mas apenas quando elas acreditam que isso lhes trará alguma vantagem. Uma solução negociada é vantajosa somente quando não se dispõe de uma solução melhor. Devido a isso, qualquer negociação bem-sucedida deverá ter uma estrutura fundamental baseada no conhecimento de três tópicos:

- A melhor alternativa a negociar.
- A condição mínima para um acordo negociado.
- Quão flexível cada parte está disposta a ser e quais concessões estão aptas a fazer.

Quatro conceitos serão primordiais para o entendimento e estabelecimento dessa estrutura fundamental.

- **MAPUANA** → **M**elhor **A**lternativa **P**ara **U**m **A**cordo **N**ão **A**ceitável. O seu plano "B". A sua MAPUANA é o seu curso preferencial de ação na ausência de um acordo. Conhecer a sua MAPUANA significa conhecer o que você fará ou o que acontecerá se você não alcançar um acordo razoável.
- **Preço de reserva** → Ponto mínimo favorável em que uma parte aceita negociar um acordo. O preço de reserva é derivado da MAPUANA, mas nem sempre os dois coincidem. Também conhecido como **preço base**.
- **ZOPA** → **Zo**na do **P**ossível **A**cordo. É a faixa na qual um acordo pode acontecer.
- **Criação de valor por troca** → Gerar valores que são modestos para quem os possui, porém de grande valor para a outra parte.

MAPUANA

Mesmo aplicando todas as melhores técnicas de negociação, por melhor que seja o negociador, existem situações em que o acordo é improvável ou mesmo impossível. Devido a isso, nunca devemos nos conduzir a uma negociação sem termos desenvolvido uma opção alternativa (plano B) para o caso de não atingirmos o objetivo esperado.

Essa alternativa deve ser previamente elaborada, pois ela é fundamental para evitar que tomemos decisões precipitadas, como, por exemplo, fecharmos um acordo desfavorável ou, até mesmo, não fecharmos um possível acordo devido à pressão de não termos outra opção que não seja a de realizar essa negociação. Esse ponto de recuo é uma abordagem desenvolvida por William Ury do Grupo de Negociação de Harvard, da Harvard Law School, chamado originalmente de **BATNA** (**B**est **A**lternative **T**o a **N**egotiated **A**greement), que o negociador e professor Eugenio do Carvalhal traduziu livremente em seu livro "Negociação: fortalecendo o processo" como **MAPUANA** (**M**elhor **A**lternativa **P**ara **U**m **A**cordo **N**ão **A**ceitável). Ele ainda menciona como podemos desenvolver uma MAPUANA:

1. Criando uma lista de ações alternativas a serem adotadas, caso o acordo não seja alcançado.
2. Aperfeiçoando algumas ideias mais promissoras, convertendo-as em alternativas práticas.
3. Refletindo sobre valores e/ou argumentos muito fortes de que poderemos dispor ou recorrer durante a negociação.
4. Utilizando o poder das conexões de que dispomos.
5. Recordando os créditos oriundos de concessões dadas em negociações anteriores (outras ocasiões) com a outra parte.
6. Interpretando as implicações e as consequências para si e sobre a outra parte da sua utilização.
7. Escolhendo provisoriamente a alternativa mais adequada.

A sua MAPUANA determina o ponto em que você pode dizer não para uma proposta desfavorável. Assim, é fator crítico conhecer sua MAPUANA antes de entrar em qualquer negociação. Se você não conhecer a sua MAPUANA, você não saberá se um acordo é sensato ou quando abrir mão desse acordo. Você poderá rejeitar uma boa oferta, melhor que a sua alternativa, ou poderá aceitar uma oferta menos favorável do que você poderia conseguir se não houvesse acordo.

Preço de reserva

Outro conceito fundamental que devemos conhecer para um bom desenvolvimento de uma negociação é o **preço de reserva**. Seu preço de reserva, também referido como a sua saída da negociação, é o ponto menos favorável pelo qual você poderia aceitar um acordo. Em uma negociação simples, de compra e venda, o preço de reserva tem referências opostas para o comprador e para o vendedor. No caso do comprador, o preço reserva é o **máximo** que esta parte estará disposta a pagar pelo produto. Em uma posição oposta, o preço de reserva do vendedor é o valor **mínimo** que esta parte concordará em receber para efetivar a negociação.

Seu preço de reserva poderia ser derivado da sua MAPUANA, mas não é necessariamente a mesma coisa. Seu preço de reserva e sua MAPUANA serão similares se o acordo for apenas sobre dinheiro e se a oferta monetária for sua MAPUANA.

Seu preço de reserva é tão importante quanto a sua MAPUANA. Então dê à elaboração de ambos igual atenção. Juntos, um preço de reserva sólido e uma MAPUANA darão a você a confiança necessária para negociar um acordo.

ZOPA

A **ZOPA** ou **Zo**na do **P**ossível **A**cordo é a faixa onde um acordo que satisfaça ambas as partes pode acontecer. Pode ser também considerada a zona onde existem potencialidades para acordos que satisfaçam ambos os lados de uma negociação.

Para um melhor entendimento da aplicação da ZOPA em uma negociação devemos relembrar o conceito fundamental do **preço de reserva**. Seu preço de reserva, também referido como a sua saída da negociação, é o ponto menos favorável pelo qual você poderia aceitar um acordo. Como dito anteriormente, em uma negociação simples, de compra e venda, o preço de reserva tem referências opostas para o comprador e para o vendedor.

Os preços de reserva de cada parte determinam cada limite da ZOPA. A ZOPA existirá se houver sobreposição entre os limites máximos e mínimos oriundos dos preços de reserva das partes.

Quando existe a ZOPA

A seguir será apresentado um exemplo simples da identificação da ZOPA. Consideremos a situação em que uma pessoa está disposta a pagar, no máximo, o valor de **R$ 160.000,00** por um determinado bem que deseja adquirir. Nesse exemplo, o vendedor está propenso a aceitar o valor mínimo de **R$ 140.000,00** pela venda deste bem de sua propriedade.

A representação gráfica dos preços de reserva do comprador e do vendedor ficaria da seguinte forma:

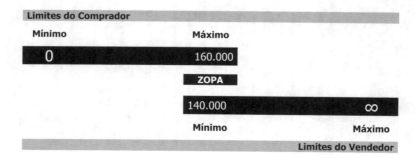

Neste exemplo, caso o acordo aconteça, ele se dará na faixa compreendida entre os valores R$ 140.000,00 e R$ 160.000,00. Essa faixa monetária é denominada de ZOPA (Zona de Possível Acordo).

Quando não existe a ZOPA

Vejamos agora a seguinte situação: você está procurando uma casa para comprar e está disposto a pagar o valor máximo de **R$ 300.000,00** – seu preço de reserva. O vendedor de uma casa que interessou a você só aceitará receber por este imóvel, no mínimo, o valor de **R$ 325.000,00** – o preço de reserva dele. Neste caso qual seria a ZOPA (Zona de Possível Acordo)?

Apresentando graficamente este exemplo, teremos a seguinte configuração que representa os preços de reserva do comprador e do vendedor:

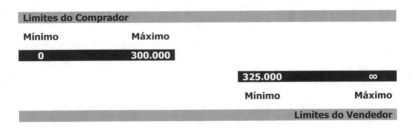

Neste caso, como não ocorre uma interseção entre as faixas de preço das partes, não existe ZOPA. Isso significa dizer que, embora possa haver boa intenção de ambas as partes – compradora e vendedora –, ou até mesmo a presença na negociação de negociadores experientes, é bastante improvável que possa ocorrer um acordo, pela falta da interseção entre os valores limitados pelos preços de reserva das partes envolvidas na negociação.

Para que um acordo possa ser obtido em uma negociação é fundamental que as faixas de preço das partes – compradora e vendedora – se intercedam. Sem essa interseção muito provavelmente o acordo não ocorrerá. Procure sempre, antes de uma negociação, identificar o seu preço de reserva e faça um esforço para calcular o mesmo para o outro lado.

Criação de valor por troca

Outro conceito fundamental de negociação é o da criação de valor por trocas. Trata-se da ideia de que cada uma das partes pode melhorar sua posição negociando os valores que estão à sua disposição. A criação de valor por trocas ocorre no contexto das **negociações integrativas**. Cada uma das partes usualmente consegue algo que deseja durante a negociação abrindo mão de outra coisa que lhe valha menos, porém que signifique muito para a outra parte.

6
|||||

Tipos Básicos de Negociação

Negociação é o processo pelo qual as pessoas lidam com suas diferenças. Quer essas diferenças envolvam a compra de um carro novo, a negociação de um contrato de trabalho, os termos de uma venda ou uma complexa aliança entre empresas, as decisões são tipicamente pensadas através das negociações. Negociar é buscar um acordo mútuo através do diálogo.

Existem basicamente dois tipos de negociação: negociação distributiva (ou competitiva) e negociação integrativa (ou colaborativa).

A maioria das negociações combina elementos de ambos os tipos, mas, para uma melhor compreensão, torna-se importante examinar cada tipo independentemente, em sua forma original.

- **Negociação distributiva (ou competitiva)** → A negociação onde as partes competem pela distribuição de um valor fixado. Nesse tipo de negociação o ganho de uma parte está associado à perda da outra.
- **Negociação integrativa (ou colaborativa)** → A negociação onde as partes cooperam mutuamente para alcançar o máximo de benefícios integrando seus interesses em um acordo. Nesse tipo de negociação o foco das partes será gerar valor para compartilhar.
- **O dilema do negociador** → Competir ou colaborar? Essa decisão envolve a dificuldade na escolha da estratégia a ser adotada.

Negociação distributiva (ou competitiva)

Em uma negociação distributiva, as partes competem pela distribuição de um valor fixado. A questão principal é: "quem irá reivindicar o maior valor?". Um ganho de um lado é obtido pelo custo do outro lado. Esta também é conhecida como uma negociação **soma-zero**.

A seguir, alguns exemplos de negociação distributiva:

- **Venda de um carro** – Não existe relacionamento entre o vendedor e o comprador, e todas as questões são voltadas para o preço. Cada uma das partes trabalha para um melhor acordo, e qualquer ganho de uma parte representa uma perda para a outra parte.
- **Negociação imobiliária** – O vendedor sabe que qualquer quantia concedida ao comprador sairá do seu próprio bolso, e vice-versa.

Frequentemente, só existe um ponto em uma negociação distributiva: dinheiro. O objetivo do vendedor é negociar o maior preço possível; o objetivo do comprador é negociar o menor preço possível. Um valor a mais de um lado representa este mesmo valor a menos do outro. Assim, o acordo é limitado: não existe oportunidade para criatividade ou ampliação do escopo da negociação.

Da mesma forma, relacionamento e reputação são irrelevantes; os negociadores não estão dispostos a considerar o valor do relacionamento com a outra parte.

Negociação integrativa (ou colaborativa)

O segundo tipo de organização é a negociação integrativa. Neste tipo de negociação, as partes cooperam para alcançar o máximo de benefícios integrando seus interesses em um acordo. Esta também é chamada de negociação **ganha-ganha**.

Nas relações comerciais, as negociações integrativas tendem a ocorrer nos seguintes casos:

- Durante a estruturação de um complexo acordo de parceria ou outro tipo similar de acordo colaborativo.
- Quando o acordo envolve muitos termos financeiros.
- Entre colegas profissionais ou superiores e subordinados diretos onde há interesse em uma relação de longo prazo.

Em uma negociação integrativa, existem muitos itens a serem negociados, e o objetivo de cada parte é "criar" tantos valores quanto possíveis para si mesmo e para a outra parte. Cada lado faz conciliações para conseguir coisas que lhe valham muito e todas as outras que valham para a outra parte.

Quando os interesses entre as partes diferem, sua capacidade em pleitear o que quer do acordo não necessariamente prejudica a capacidade da outra parte em fazer o mesmo. Tanto os interesses quanto as preferências das duas partes podem ser satisfeitos.

Descobrir oportunidades para um benefício mútuo requer cooperação e divulgação de informações. Cada parte precisa compreender seus interesses-chave e os interesses-chave da outra parte.

Característica	Negociação Distributiva	Negociação Integrativa
Resultado	Ganha-perde	Ganha-ganha
Motivação	Ganho individual	Ganho comum Ganho individual
Interesses	Opostos	Diferentes, mas nem sempre opostos
Relacionamento	Curto prazo	Longo prazo Curto prazo
Questões envolvidas	Únicas	Múltiplas
Habilidade de compatibilização	Não flexível	Flexível
Solução	Não criativa	Criativa

O dilema do negociador

A maioria das negociações comerciais não é puramente distributiva e nem puramente integrativa; mais especificamente, os elementos competitivos e cooperativos são entrelaçados. A tensão resultante, conhecida como **"O dilema do negociador"**, demanda difíceis escolhas estratégicas. Os negociadores devem balancear estratégias competitivas, o que os faz mais duros na cooperação, e criar valores efetivamente, com estratégias cooperativas, o que os torna difíceis de competir e reivindicar valores efetivamente.

No núcleo da arte do negociador está o conhecimento de competir onde os interesses são conflitantes, pleiteando mais em vez de menos ou criar valor focando nas informações, o que sempre leva à opção de ganhos múltiplos.

O dilema do negociador é a tensão que existe entre a colaboração e a competição.

- Se ambos os lados irão colaborar, ambos terão resultados positivos.
- Se um for colaborar e o outro competir, o colaborador terá um resultado negativo (perderá) e o competidor terá um resultado positivo (ganhará).
- Se ambos os lados irão competir, ambos terão um resultado medíocre.
- Em uma situação de incerteza sobre a estratégia a ser adotada pelo outro lado, a melhor opção de decisão para ambos será competir.
- Porém, se ambos forem competir, ambos os lados sairão prejudicados.

Posições estratégicas		Vendedor	
		Ser franco e verdadeiro	Ocultar ou dissimular
Comprador	Ser franco e verdadeiro	Ambos têm ganhos modestos Negociação bem-sucedida **2,2**	Comprador: pequeno ganho Vendedor: grande ganho **1,3**
	Ocultar ou dissimular	Comprador: grande ganho Vendedor: pequeno ganho **3,1**	Nenhum ganha Negociação pode fracassar **0,0**

7

Técnicas de Negociação

A negociação está presente em muitos momentos de nossas vidas. Ter sucesso em uma negociação não depende de sorte. O que ocorre é que algumas pessoas estão mais preparadas e fazem isso de forma regular. Para conseguirmos bons resultados em nossas negociações é preciso adquirir o máximo de conhecimentos e habilidades nesse assunto. Conhecer as táticas apropriadas a serem implementadas para cada tipo de comportamento pessoal identificado e os critérios para avaliação dos bons resultados em uma negociação é fundamental nesse processo de aprendizado.

- **Táticas por estilo de comportamento** → Existem basicamente quatro tipos de comportamento identificados. Para cada tipo de comportamento é adequado aplicar uma tática de abordagem específica.
- **Avaliação das negociações** → Uma negociação bem-sucedida não depende unicamente do atendimento de nossas necessidades. Para um bom negociador é importante o conhecimento dos critérios a serem considerados na avaliação de uma negociação.

Táticas por estilo de comportamento

A seguir serão apresentados modelos estratégicos para a abordagem da negociação com cada um dos quatro estilos de comportamentos identificados através do modelo Myers-Briggs (vide Capítulo 10 – Ferramentas para a Negociação).

Pragmático

- **Planejamento** – Concentre-se na meta da outra parte de controle pessoal e minimize o receio de que tirem proveito dela.
- **Contato** – Vá direto ao ponto em questão, sem perda de tempo.
- **Proposta** – Seja profissional no relacionamento, atenha-se aos resultados pretendidos, enfatize aspectos relacionados à eficiência, rentabilidade, produtividade e economia de recursos.
- **Compromisso** – Apresente à outra parte uma diversidade de opções e alternativas, deixando sempre claro que a escolha é dela, e a ela cabe tomar a decisão.
- **Ajuste** – Adapte ou reposicione a sua estratégia ao estilo da outra parte, lembrando-a sempre dos resultados em relação a seus objetivos principais (ou de sua organização).
- **Manutenção** – O cumprimento pontual e eficaz dos acordos estabelecidos é a melhor maneira de assegurar o relacionamento com esse tipo de negociador, mas sempre é bom apresentar lembretes e registros formais dos pontos a seu favor, segundo a visão dele.

Expressivo

- **Planejamento** – Sua solução deve ser apresentada como a melhor para a outra parte, do ponto de vista do prestígio, da repercussão e do aumento da influência dela, além da melhora de sua imagem pública.
- **Contato** – Seja amigável e demonstre interesse por sua pessoa e suas conquistas. Mostre a ligação entre a solução apresentada e as aspirações e metas de longo alcance dela.
- **Proposta** – Deixe que a outra parte fale e se expanda sobre suas preocupações. Compartilhe genuinamente de seu entusiasmo e de sua agitação contagiante.
- **Compromisso** – Solicite ação urgente e ágil da outra parte e apresente o compromisso como um botão a ser acionado para que as coisas comecem a acontecer.
- **Ajuste** – Concorde com as preocupações e dúvidas da outra parte e mostre que ela não está sozinha nessa questão. Após isso, apresente a sua solução como a que resolve o problema de ambos os lados.
- **Manutenção** – Seu acompanhamento deve ser no sentido de evitar complicações e transtornos para a outra parte. Cultive a informalidade e o trato amigável ao longo do tempo.

Afável

- **Planejamento** – Sua solução deve ser apresentada como a melhor para o grupo ou a organização da outra parte, ressaltando as características de estabilidade, tranquilidade e melhor relacionamento entre as pessoas e os setores.
- **Contato** – Relacione-se informalmente, preocupando-se sempre com o grupo de pessoas em que a outra parte está inserida – seu departamento, sua unidade, a organização como um todo – mais do que com si mesmo.
- **Proposta** – A harmonia e a estabilidade devem ser as ênfases, principalmente no que facilita o trânsito de pessoas, a circulação e o bom relacionamento.
- **Compromisso** – Indique detalhadamente como a outra parte deverá agir na prática para poderem firmar o acordo. Ampare-a em suas indecisões. Seja atento para que ela não disperse ou, até mesmo, adie.
- **Ajuste** – Mostre à outra parte que suas dúvidas e inquietações são compartilhadas por todos e indique testemunhos de outras pessoas ou organizações. Sua insegurança se ameniza com testemunhos, mais do que em qualquer outro dos quatro estilos.
- **Manutenção** – Sua presença e seu acompanhamento devem ser constantes, mostrando que a outra parte não precisa se sentir insegura por falta de apoio e manutenção. A cordialidade deve ser preservada.

Analítico

- **Planejamento** – Prepare-se para fornecer dados, relatórios, pesquisas e registros precisos de tudo que diga respeito à sua solução – seu produto, serviço, bem ou qualquer que seja o objeto da negociação. A outra parte vai querer conferir tudo minuciosamente.
- **Contato** – Permita que a outra parte faça o papel de especialista – apresentar suas perguntas e inspeções – e procure conhecê-la através delas, mais do que das próprias perguntas que você fará. Tenha atenção para não invadir sua privacidade e confidencialidade.
- **Proposta** – Enfatize as características de sua solução, com destaque para a lógica e a racionalidade da opção oferecida e das alternativas. Testemunhos rigorosos (atenção, pois ela irá conferir!) também são muito bem-vindos.
- **Compromisso** – Ofereça alternativas e esclareça as prioridades da outra parte. Seja minucioso, mas seletivo – ela aprecia detalhes, desde que sejam importantes e tenham peso na decisão a ser tomada.

- **Ajuste** – Apresente provas e evidências incontestáveis, testemunhos de outras pessoas ou organizações. Atente para responder a todas as suas dúvidas e preocupações.
- **Manutenção** – Padrões e controles especificados de acompanhamento, manutenção e garantia de cumprimento do acordo, tudo por escrito e cronometrado, é o que ela espera para manter um relacionamento duradouro.

Fonte: Negociando para Ganhar
Márcio Miranda – Casa da Qualidade

Avaliação das negociações

Independentemente do modelo a ser adotado, qualquer método de negociação pode ser facilmente julgado segundo três critérios:

1. Deve produzir um acordo razoável, caso um acordo seja possível.
2. Deve ser eficaz.
3. Deve melhorar ou, pelo menos, não prejudicar o relacionamento entre as partes.

Um acordo razoável pode ser definido como aquele que:

1. Satisfaz os interesses legítimos de cada parte o máximo possível.
2. Resolve plenamente interesses conflitantes.
3. É duradouro.
4. Leva em conta os interesses da comunidade.

Devemos também considerar as seguintes características básicas na negociação como um aspecto do comportamento humano:

1. A negociação é uma forma de comunicação interpessoal. O elemento humano é um componente essencial em toda negociação.
2. A negociação só será possível se houver:
   - A necessidade de uma solução conjunta das diferenças entre as partes.
   - A aceitação, por todas as partes, de que a negociação é a maneira mais satisfatória para resolver as diferenças.
   - A crença, compartilhada por todas as partes, em que haja alguma possibilidade de um acordo aceitável mutuamente.
3. A negociação implica em que cada parte tenha algum grau de poder sobre a outra.

8
||||||

Aspecto Estruturado da Negociação

Negociações estão presentes em nossas vidas essencialmente em todas as situações onde a decisão não depende exclusivamente de nós. Podemos considerar basicamente duas situações que não dependam da nossa vontade onde não ocorrerá uma negociação:

- Quando houver uma concordância imediata entre as partes sem a necessidade de argumentação ou contrapartidas.
- Quando não houver espaço ou possibilidade para se conversar.

A negociação é o processo de buscar um acordo satisfatório para todas as partes envolvidas.

O conhecimento do processo de negociação é um fator-chave para uma adequada preparação.

- **Planejamento** → Trata-se da preparação da negociação. Proporciona ao negociador uma visão mais clara do cenário que irá encontrar.
- **Execução** → Quando segmentada em estágios, permite ao negociador canalizar energias de intensidade e natureza adequadas em cada momento.
- **Controle** → Quando feito de forma sistemática, ajuda a construir alicerces de credibilidade por meio da implementação de acordos.

Planejamento

As pessoas negociam eventualmente de maneira formal, porém quase sempre as negociações são realizadas informalmente. Algumas pessoas podem ter nascido para negociar, mas existe uma série de detalhes que influenciam no resultado final de uma negociação.

Muito do sucesso de uma negociação está em se preparar bem antes de negociar. Essa preparação vai desde uma pesquisa de mercado até a definição da estratégia a ser adotada.

A seguir serão dadas algumas recomendações para uma boa preparação para uma negociação.

Conhecimento

Uma afirmação malfeita pode ser constrangedora e colocar o negociador em uma situação desfavorável durante a negociação. Por isso, preliminarmente, é necessário buscar o maior número possível de informações de ambos os lados. Dados sobre o tema que vai ser negociado, valores e condições de mercado, a situação do mercado, dados do concorrente e outras informações pertinentes.

Expectativa

Deve-se, sempre que possível, evitar a criação de uma expectativa antes de uma negociação. Dependendo da expectativa irreal, um bom resultado obtido poderá não ser visto dessa forma. Criar uma expectativa é diferente de ter uma margem possível de negociação.

Local

O local onde se realiza a negociação pode influenciar o resultado de muitas maneiras. Quando a negociação ocorre em seu território você tem algumas vantagens, como a obtenção de algum dado necessário e que não esteja disponível ou, no caso de o local estar preparado, você poderá fazer um controle de interrupções. Porém, o recomendável é que as negociações ocorram em um território neutro.

Vencedor

O ser humano é naturalmente competitivo e luta por vitórias, o que significa dizer que em uma negociação ambos os lados esperam obter sucesso. Devido a isso, a máxima **"Um negócio tem que ser bom para os dois lados"** não é utópica. Essa é a razão pela qual não se deve entrar em uma negociação com o espírito competitivo. Em uma negociação não deve haver vencedores e perdedores. Uma negociação implica em dar e receber, em conquistar e ceder. Uma negociação implica em uma solução conjunta e não em uma vitória ou uma derrota.

O que a outra parte ganha?

É importante sempre fazer uma análise para avaliar se a proposta que está sendo planejada leva também vantagens para o outro lado. Caso não consiga encontrar também vantagens para a outra parte, existe uma grande possibilidade de o acordo não ser alcançado.

A vantagem em fazer essa análise é que quando se sabe que a outra parte também está ganhando, esse ganho pode ser valorizado nas argumentações. Procure sempre identificar os benefícios da outra parte e use isso a seu favor, mesmo que o peso do ganho não seja o mesmo para os dois lados. Caso os dois lados identifiquem ganhos, o acordo pode acontecer. O que é subjetivo é o conceito de ganho, por isso o negociador deve estar sempre preparado para valorizar o ganho da outra parte.

- Considere o que seria um bom resultado, do seu ponto de vista e do de seus interlocutores.
- Identifique possíveis oportunidades de criação de valor.
- Identifique sua MAPUANA e o seu preço de reserva, e faça um esforço para calcular o preço de reserva para o outro lado.
- Reforce sua MAPUANA, se ela não for forte.
- Descubra se a pessoa do outro lado tem autoridade para fechar um acordo.
- Descubra tudo o que puder sobre o outro lado.
- Prepare-se para ser flexível no processo. Esteja preparado para os tropeços.
- Reúna parâmetros e critérios externos para avaliar a equidade do acordo e demonstrar que sua proposta é justa e razoável.
- Modifique a pauta e as jogadas do processo a seu favor.

Execução

Entender o aspecto comportamental da negociação compreendendo a importância de escutar a outra parte sem interrupções ou fazer perguntas em vez de afirmações são pequenas ações que influenciam positivamente o resultado final.

Autoridade

Uma negociação com uma pessoa que detenha um grande poder de decisão, mesmo que não seja uma autoridade direta, é uma situação muito desfavorável para o outro lado. Uma negociação tem um melhor desenvolvimento quando os dois lados têm o mesmo nível de poder decisório. Um bom negociador deve saber se a outra parte tem autonomia suficiente para fechar o acordo. De maneira discreta, no início da negociação procure saber se a outra parte tem autonomia para fechar o acordo naquele momento. Caso contrário, o negociador deve usar a mesma estratégia que a outra parte está usando: alegar que certas concessões só podem ser autorizadas por um superior.

Preconceito

Embora possa parecer inadmissível, ainda existem muitos preconceitos em nossa sociedade. Não é diferente no ambiente empresarial. Uma negociadora pode não ser levada a sério por um negociador "machista". Um negociador jovem poderá ter problemas ao tratar com uma pessoa de mais idade, pois poderá ter a sua competência questionada pelo negociador "mais velho". O mesmo poderá acontecer em relação à raça, nacionalidade, região ou religião. Nessas situações, cabe ao negociador, antes de começar a negociar, mostrar que se está nessa posição naquele momento é porque tem condições e competência.

Tom da negociação

Basicamente existem dois tons diferentes em uma negociação:

- **Confrontação** – Gerada pela expectativa de tentar vencer.
- **Parceria** – Gerada pelo espírito da busca de uma solução conjunta.

60 Negociação

O tom de parceria não significa que a discussão dos tópicos não seja acalorada ou que não haja confrontação. A diferença é que o foco da parceria, diferentemente da confrontação, não é ganhar ou perder. O foco da parceria é a busca de uma solução conjunta que atenda a todos os lados.

Muitas vezes o negociador experiente pode buscar o tom da confrontação, principalmente quando está lidando com um negociador menos experiente. A solução para isso é tentar mostrar que veio para resolver ou então mostrar concordância para garantir a continuidade da negociação.

Falar e ouvir

Em uma negociação, falar é tão importante quanto ouvir. Um bom negociador não usa todos os seus argumentos de uma vez. Ele presta atenção a cada palavra dita e de que forma ela é dita – se com muita firmeza ou com um pouco de hesitação. Se o "não" significa realmente uma negativa ou se pode ser considerado um "quem sabe...".

O bom negociador não deve dominar o espaço. Ele não deve falar incessantemente e deve deixar o seu interlocutor argumentar. O ideal é falar com convicção e ouvir com atenção, na mesma medida.

Perguntas

De maneira geral, as pessoas preferem afirmar que a outra parte está errada em uma determinada questão. O bom negociador, mesmo achando isso, procura deixar tudo claro através de perguntas, criando a oportunidade de seu interlocutor avaliar seus critérios e considerações, fazendo com que a negociação continue sem levar em conta mentiras ou exageros.

Anotações

Em uma negociação, normalmente estão em discussão diversos tópicos, como preço, condições de pagamento, quantidades, embalagens, prazo de entrega e diversas outras condições. Cada vez que um item for acordado, o negociador deve registrá-lo em um papel e ratificar com a outra parte. Caso isso não seja feito dessa forma, quando a negociação evoluir, algum dos itens anteriores, já acordado, pode ser questionado e talvez surja alguma discordância.

Ideia

Uma estratégia muito eficiente de convencimento é ter um propósito em mente e fazer a outra parte achar que a ideia é dela. Em vez de propor diretamente um tópico que seja interessante para o negociador, ele deve conduzir o assunto de tal modo que a sugestão pareça ser ideia do outro.

Como começar bem?

- Manifeste respeito pela experiência e perícia do seu interlocutor.
- Apresente a tarefa de maneira positiva, como uma empreitada conjunta.
- Saliente a sua receptividade aos interesses e preocupações do outro.

Controle

Da mesma forma que um vendedor não deve virar as costas para o cliente depois de ter fechado uma venda, o negociador não deve se desligar dos compromissos formalizados.

Confiança

Um bom negociador não pode perder a confiança da outra parte. O encontro dos mesmos negociadores em situações diversas tende a ser um fato natural. Nesse caso, fica muito mais claro de perceber que o conjunto das atividades e ações posteriores ao acordo possui conotações relevantes.

Compromisso

Se, após o fechamento do acordo, os compromissos assumidos durante a sua negociação não forem cumpridos por personagens que sucedem você nessa cadeia de ações, poderão ser gerados conflitos pessoais.

Conferência

Torna-se necessário que, após o fechamento da negociação, o negociador mantenha um monitoramento constante do que foi estabelecido como compromisso. O negociador pode antecipar-se ao problema interagindo com a outra parte para garantir que os dois lados cumpram o que foi acordado.

9

Negociação em Projetos

Negociações ocorrem em torno de diversas questões, em diversos momentos e em vários níveis do projeto. Durante o andamento de um projeto típico, a equipe tende a negociar por algumas ou todas as questões seguintes:

- Objetivos de escopo, custo e cronograma.
- Mudanças de escopo, custo e cronograma.
- Termos e condições contratuais.
- Designações.
- Recursos.

Neste capítulo abordaremos:

- **Negociação nas áreas de conhecimento** → A gerência de projetos na visão do PMI® (*Project Management Institute*) se divide em dez áreas de conhecimento: integração, escopo, tempo, custos, qualidade, recursos humanos, comunicações, partes interessadas, riscos e aquisições. Dentro dessas áreas estão contidos diversos processos.
- **Negociação nas fases do projeto** → Esses mesmos processos também podem ser agrupados por fase: iniciação, planejamento, execução, controle e encerramento.

Analisando a interdependência desses processos, podemos considerar que a negociação ocorre em todas as fases do projeto.

64 Negociação

Negociação nas áreas de conhecimento

As áreas de conhecimento descrevem o gerenciamento de projetos em termos de seus processos componentes. Esses processos podem ser organizados em dez grupos integrados, como descrito a seguir:

- Gerenciamento da integração do projeto
- Gerenciamento do escopo do projeto
- Gerenciamento do tempo do projeto
- Gerenciamento de custos do projeto
- Gerenciamento da qualidade do projeto
- Gerenciamento dos recursos humanos do projeto
- Gerenciamento das comunicações do projeto
- Gerenciamento das partes interessadas no projeto
- Gerenciamento dos riscos do projeto
- Gerenciamento das aquisições do projeto

No contexto da gerência de projetos, negociações deverão ocorrer em todas as áreas descritas anteriormente. Em todas essas áreas poderão ocorrer conflitos. Porém, quando as negociações são conduzidas com competência, a possibilidade de sucesso do projeto é muito ampliada.

Gerenciamento da integração do projeto

Dentro do gerenciamento de projetos, a integração inclui características de unificação, consolidação, negociação e articulação. Devido a isso, se faz necessária a fixação de uma metodologia de trabalho, com papéis bem definidos. Durante as negociações devem ser observadas as exigências de mercado onde a organização atua e a cultura organizacional necessária para adotá-las. A definição de uma metodologia, conhecida por todos os envolvidos, dará maior possibilidade de controle sobre os recursos que serão utilizados. Controlando melhor o processo, a equipe aumentará o grau de acertos quanto às demandas técnicas, de prazo, de custo, de qualidade e em todas as demais áreas.

Gerenciamento do escopo do projeto

O escopo do projeto é o trabalho que deverá ser feito – incluindo todas as suas atividades – para obter o produto do projeto. No esforço para a determinação do escopo do projeto, devemos tentar envolver todos os interessados pelo projeto – a equipe, o gerente, o cliente, o patrocinador, gerentes funcionais, especialistas, etc. Uma boa definição de escopo passa principalmente pelo entendimento da necessidade do cliente ou usuário do produto final; portanto, quanto maior for a habilidade de negociação do gerente de projeto nesse esforço de definição, maior será a probabilidade de sucesso do projeto.

Gerenciamento do tempo do projeto

O cronograma do projeto é definido na fase de planejamento do projeto. Durante a fase de execução, este necessitará de refinamentos para obter margens de erros corrigidas e admitidas. O caminho mais eficaz é convocar a equipe de trabalho alocada ao projeto para detalhar e ajustar esse cronograma em conjunto com a equipe que irá executar a atividade. Esse contato é crucial por duas razões: a equipe de execução é quem sabe melhor o tempo que sua atividade demandará e, além disso, neste momento essa equipe estará se comprometendo com os prazos assumidos.

Gerenciamento dos custos do projeto

As bases do gerenciamento dos custos de um projeto são o orçamento e a curva de gastos acumulados. Na medida em que os profissionais vão sendo alocados ao projeto, o detalhamento das atividades será maior e o grau de assertividade do orçamento também. É essencial que o gerente de projetos procure, dentro do possível, manter a integridade da linha de base do escopo. Projetos em que o escopo vai sendo alterado na medida em que vão se descobrindo novas necessidades e reformulando seus objetivos iniciais têm sérias dificuldades em cumprir o cronograma e o orçamento. Porém, o gerente de projeto deverá ter cautela ao rejeitar um pedido do cliente ou patrocinador, pois corre o risco de se indispor, mas se aceitar deverá avaliar com muita cautela os impactos no prazo e no custo do projeto.

Gerenciamento da qualidade do projeto

Embora muitos persigam a ideia de surpreender o cliente, o gerente do projeto deve planejar e conduzir os trabalhos de forma a atender aos requisitos do cliente. Qualidade é aquilo que é percebido. Projetos fora do padrão de qualidade não são aceitos. O melhor caminho para a melhoria da qualidade é o fornecedor do serviço estar ciente dos padrões exigidos e ser cobrado por esses resultados.

Gerenciamento dos recursos humanos do projeto

Em um projeto existem diversas pessoas envolvidas – o gerente de projetos, o patrocinador, o cliente, os usuários, a equipe do projeto, os fornecedores, a alta gerência e diversos outros. Nesse cenário, é fundamental que o gerente de projetos conheça os interesses e as necessidades de todos os envolvidos. Em relação à equipe do projeto, a partir da definição do escopo as necessidades vão sendo definidas. Torna-se importante se cercar de competências diversificadas e com experiência nas áreas de atuação do projeto. Alocar os profissionais em cargos adequados é essencial para a obtenção de bons resultados. O gerente do projeto deverá ter a habilidade necessária para negociar a melhor equipe possível para o seu projeto.

Gerenciamento das comunicações do projeto

Quando ocorre um problema, o gerente do projeto deve, além de falar sobre ele, também informar que uma solução está sendo buscada. Problemas sem perspectiva de solução trazem desconforto à equipe. O gerente do projeto deve provocar as negociações preliminares. Quanto antes os profissionais forem envolvidos nas negociações, mais cedo surgirão as soluções, o que minimizará os retrabalhos. Para que as propostas de melhoria surjam, o gerente deverá propiciar um ambiente favorável para que elas sejam apresentadas. Quem identifica um problema normalmente tem uma solução ou, pelo menos, o caminho dela. Para que a comunicação seja eficaz é necessário que seja documentada e que chegue ao seu responsável. A criação do relatório gerencial auxilia muito no processo de comunicação, principalmente por tornar o processo impessoal e mais objetivo.

Gerenciamento das partes interessadas do projeto

Fontes de conflito em um projeto podem incluir o gerente do projeto, a equipe do projeto, os clientes e outras partes interessadas (*stakeholders*) internas – fornecedores, gerentes funcionais, alta gerência, pessoal administrativo e partes interessadas externas que não fazem parte diretamente do projeto. As 11 fontes de conflitos no gerenciamento de um projeto são:

1. Prioridades do projeto ou incompatibilidade de objetivos.
2. Procedimentos administrativos.
3. Opiniões técnicas e balanceamento de desempenho.
4. Incerteza da tarefa e requisitos de informação.
5. Incerteza de seu papel e responsabilidade.
6. Diferenças em alcance da visão (holística ou não).
7. Personalidades de membros da equipe ou cultura e costumes diferentes.
8. Alocação de recursos.
9. Orçamento e custos.
10. Cronogramas.
11. Problemas de comunicação.

Gerenciamento dos riscos do projeto

Após o desenvolvimento de uma lista de fatores de risco e a elaboração de um plano de respostas a eles, é necessário monitorar a probabilidade de ocorrência e os impactos nos resultados do projeto. Para o melhor gerenciamento dos riscos do projeto, o relatório gerencial deve abordar os problemas, as ações corretivas e as ações de monitoramento que estão sendo implementadas. Essas informações serão fundamentais para as ações de ajuste nos prazos e nos custos que deverão ser negociadas com o patrocinador ou cliente do projeto.

Gerenciamento das aquisições do projeto

O gerenciamento das aquisições é uma das áreas de conhecimento que mais envolve o processo de negociação. Essa área abrange desde a identificação das necessidades que melhor serão atendidas com a aquisição de bens externos à organização, passando pela solicitação de propostas, pela negociação direta com fornecedores potenciais, pela administração dos contratos até o seu encerramento.

Negociação nas fases do projeto

Os processos de gerência de projetos agrupados nas dez áreas de conhecimento descritas anteriormente também podem ser organizados em cinco grupos, cada um deles contendo um ou mais processos:

- **Processos de iniciação** → Autorização do projeto ou fase.
- **Processos de planejamento** → Definição e refinamento dos objetivos e seleção da melhor das alternativas de ação para alcançar os objetivos que o projeto estiver comprometido em atender.
- **Processos de execução** → Ordenar pessoas e outros recursos para realizar o plano do projeto.
- **Processos de controle** → Assegurar que os objetivos do projeto estejam sendo atingidos, através da monitoração regular do seu progresso para identificar variações do plano e, portanto, ações corretivas podem ser tomadas quando necessárias.
- **Processos de encerramento** → Formalizar a aceitação do projeto ou fase e encerrá-lo(a) de forma organizada.

Esses grupos de processos se ligam pelos resultados que produzem – o resultado ou saída de um grupo torna-se entrada para outro.

Ligação entre os grupos de processos

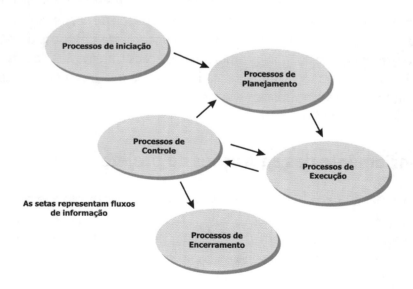

As negociações também deverão ocorrer em todas as cinco fases do projeto. Em todas essas fases também surgirão conflitos. Assim como nas áreas de conhecimento, quando as negociações são conduzidas com habilidade, a possibilidade de êxito do projeto é muito aumentada.

Fase de iniciação do projeto

Nesta fase os tópicos das negociações são basicamente:

- Acordos sobre os objetivos do projeto.
- Definição do gerente do projeto.

Fase de planejamento do projeto

Nesta fase os tópicos das negociações são basicamente:

- Definição das necessidades do projeto.
- Negociação com autoridades públicas sobre a aprovação do projeto.
- Acordos para a formação da equipe do projeto.
- Definição da quantidade de recursos (pessoas, equipamentos e materiais).
- Definição de atribuições.
- Designação de responsabilidades.
- Definição dos prazos.
- Definição do orçamento.
- Definição dos padrões de qualidade relevantes.

Fase de execução do projeto

Nesta fase os tópicos das negociações são basicamente:

- Contratos com fornecedores.
- Reivindicações de contratados.
- Prorrogação de prazos.
- Atualização de preços.
- Conflitos interpessoais.
- Disponibilização de informações.

Fase de controle do projeto

Nesta fase os tópicos das negociações são basicamente:

- Objetivos previstos e realizados.
- Implementação de ações de controle.
- Ajustes ou modificações nos objetivos do projeto.
- Autorização de mudanças.
- Ajustes nas linhas de base do projeto.

Fase de encerramento do projeto

Nesta fase os tópicos das negociações são basicamente:

- Liquidação de contratos.
- Aceitação de serviços.
- Destinação da equipe.
- Prêmios de produtividade.

10

Ferramentas para a Negociação

Para o auxílio na árdua tarefa de promover um bom processo de negociação ou de administração de conflitos, existem diversos instrumentos desenvolvidos geralmente por grandes autores e estudiosos de administração. Sempre que necessário, o negociador deve utilizar esses recursos, que servem para apoiar uma tomada de decisão ou, até mesmo, embasar um planejamento. Chamo esses instrumentos de apoio de "ferramentas". Essas "ferramentas" podem auxiliar bastante o trabalho dos profissionais envolvidos em uma negociação e são fundamentais também para todas as pessoas que trabalham com qualquer tipo de gerenciamento.

Cabe ressaltar que não estou lançando nem inventando nenhuma metodologia nova. As três ferramentas aqui sugeridas são amplamente utilizadas e popularizadas. Portanto, encontram-se estudadas com mais profundidade em diversos livros de administração e gestão em geral.

- **Janela de Johari** → É uma ferramenta conceitual, criada por Joseph Luft e Harrington Ingham em 1955, que tem como objetivo auxiliar no entendimento da comunicação interpessoal e nos relacionamentos com um grupo. Este conceito pode aplicar-se ao estudo da interação e das relações interpessoais em várias situações, nomeadamente entre indivíduos, grupos ou organizações. A palavra "Johari" tem origem na composição dos prenomes dos seus criadores: Jo (Joseph) e Hari (Harrington).
- **Modelo Myers-Briggs** → Desenvolvido por vários estudiosos do comportamento humano desde Carl Jung, este modelo visa identificar o comportamento predominante de uma pessoa através da aplicação de dois grupos de características variáveis de cada indivíduo: grupo 1 – pessoa **rápida**/pes-

72 Negociação

soa **lenta** e grupo 2 – lida mais com **emoção**/lida mais com **razão.** Através do cruzamento dessas quatro variáveis, duas a duas, é possível obter uma indicação do perfil de comportamento predominante de cada indivíduo. Este modelo produz quatro tipos de comportamentos predominantes: **pragmático, expressivo, analítico e afável.** Cada um dos quatro tipos de comportamentos predominantes descritos anteriormente define uma série de características individuais. O conhecimento dessas características, quando bem interpretadas e utilizadas adequadamente, pode ser aplicado de maneira efetiva na definição do tipo de abordagem que deve ser feita aos clientes ou a pessoas envolvidas conosco em algum tipo de negociação. Isso é possível, pois, tendo uma pequena indicação do perfil do indivíduo com quem estamos lidando (ou negociando), obteremos uma verdadeira vantagem competitiva na medida em que estaremos ganhando a sua confiança devido ao nosso procedimento compatível com as suas características individuais.

- *Brainstorming* → Mais que uma técnica de dinâmica de grupo, é uma atividade desenvolvida para explorar a potencialidade criativa do indivíduo, colocando-a a serviço de seus objetivos. A técnica de *brainstorming* propõe que um grupo de pessoas se reúna e utilize as diferenças em seus pensamentos e ideias para que possam chegar a um denominador comum eficaz e com qualidade, gerando assim ideias inovadoras que levem um processo adiante. Quando respostas rápidas para questões relativamente simples são necessárias, o *brainstorming* é uma das técnicas mais populares e funcionais. É muito eficaz para a geração de ideias criativas, muito necessárias quando estamos trabalhando na **invenção de ganhos mútuos**, que é um conceito fundamental para o sucesso de uma negociação ou de uma resolução de conflitos.

Janela de Johari

A janela de Johari é um modelo conceitual criado por Luft e Ingham para analisar como o indivíduo ou o grupo processam as informações. Segundo esses autores, tanto a eficácia individual como a grupal podem ser avaliadas de acordo com as tendências de processamento das informações e de suas consequências sobre o desempenho.

Trata-se de um modelo cuja configuração gráfica é um retângulo dividido em quatro partes (ou quadrantes), que procura retratar a interação de duas fontes de informação: a da própria pessoa e a dos outros, assim como os processos comportamentais requeridos para a utilização das informações.

As informações tanto podem referir-se ao estabelecimento das relações interpessoais como às grupais. O modelo tanto pode ser aplicado a pessoas como a grupos.

Na janela de Johari, as duas fontes de informação – a da própria pessoa (retroação) e a dos outros (exposição) – estão divididas em duas categorias de conhecimento:

- Um conteúdo de informações que pertence ao indivíduo e que é por ele conhecido e outro conteúdo de informações que, embora desconhecido do indivíduo, também lhe pertence e influencia ativamente em seu relacionamento com os outros.
- Um conteúdo de informações que pertence aos outros e é conhecido por eles e um conteúdo de informações relevantes, também pertencentes aos outros, porém desconhecido por eles.

As combinações PRÓPRIO X OUTROS estabelecidas entre as informações CONHECIDA e DESCONHECIDA constituem os quatro quadrantes situados no espaço interpessoal, tal como mostra a figura a seguir.

A janela de Johari – O indivíduo e suas partes

		Exposição (outros)	
		Desconhecido dos outros	Conhecido dos outros
Retroação (próprio)	Conhecido do próprio	2 "Eu" oculto	1 "Eu" aberto
	Desconhecido do próprio	4 "Eu" desconhecido	3 "Eu" cego

- **Quadrante 1 – O "eu" aberto** → Representa as facetas da personalidade conhecidas pela própria pessoa que está disposta a participá-las aos outros. É a área aberta da personalidade da qual tanto a pessoa quanto os outros têm percepções mutuamente participadas, ou seja, os outros veem a pessoa exatamente como ela se vê.
- **Quadrante 2 – O "eu" oculto** → Representa os aspectos da personalidade que a pessoa conhece, mas que está consciente e deliberadamente tentando esconder dos outros. É a área secreta ou evitada que a pessoa tenta ocultar para proteger-se. Por exemplo, a pessoa se sente insegura, mas tenta mostrar uma aparência de muita segurança pessoal.

- **Quadrante 3 – O "eu" cego** → Representa a área cega da personalidade da pessoa, que inconscientemente esconde de si mesma, mas que faz parte do comportamento que comunica aos outros. São os aspectos que a pessoa não consegue perceber em si mesma, embora sejam percebidos pelos outros. Por exemplo, apesar de a pessoa não admitir o fato, os outros a veem como ansiosa e notam que isso reduz sua eficiência.
- **Quadrante 4 – O "eu" desconhecido** → Representa as facetas da personalidade da pessoa que nem ela e nem os outros conhecem ou percebem, como, por exemplo, certos sentimentos ou impulsos reprimidos e inconscientes, talentos ou habilidades inexplorados, potencialidades, etc.

Cada quadrante apresenta um tamanho e uma forma, de acordo com sua presença no espaço interpessoal, assumindo uma dimensão na eficácia interpessoal e grupal. São inúmeras as aplicações da janela de Johari. Nosso interesse imediato reside em sua aplicação em dois níveis do relacionamento: o interpessoal e o grupal.

Relacionamento interpessoal

A interação entre duas pessoas pode, em função das alternativas que acabamos de ver, ocorrer em vários estágios da comunicação, tal como é mostrado a seguir.

Interação	1 "Eu" aberto	2 "Eu" oculto	3 "Eu" cego	4 "Eu" desconhecido
1 "Eu" aberto	A Comunicação aberta	C Confidências "nivelamento"	B Revelações inconscientes	
2 "Eu" oculto	C Confidências "nivelamento"			
3 "Eu" cego	B Revelações inconscientes		D Contágio emocional	
4 "Eu" desconhecido				

- **Relação A – Comunicação aberta** → A interação aberta entre pessoas constitui o tipo de relacionamento interpessoal mais comum. É um estágio de relacionamento superficial.

- **Relação B – Revelações inconscientes** → É um segundo estágio de relacionamento, onde já se pode perceber ou captar sinais ou significados do "eu" cego de uma pessoa, cuja comunicação ela própria não percebe.
- **Relação C – Confidências ou nivelamento** → É o terceiro grau de comunicação, quando a pessoa deliberadamente revela algo que geralmente esconde. A pessoa confidencia a alguém ou "nivela" quando compartilha reações ou sentimentos gerados por acontecimentos imediatos.
- **Relação D – Contágio emocional** → Quando uma pessoa pode influenciar os sentimentos de outra, sem que nenhum dos "eus" de ambas tenha consciência da origem do sentimento ou da comunicação. Por exemplo, a tensão de quem comunica se reflete na pessoa que recebe a comunicação, embora o emissor da mensagem negue seu estado de tensão.

Relacionamento grupal

No nível de relacionamento grupal, quando um grupo se encontra no seu estágio inicial de desenvolvimento, a área aberta (quadrante 1) é geralmente menor, enquanto as áreas oculta (quadrante 2) e desconhecida (quadrante 3) são bem maiores. Nos grupos novos existe menor liberdade de comportamento e muita precaução no relacionamento entre as pessoas. À medida que o grupo se desenvolve e amadurece, a área aberta tende a aumentar, havendo maior liberdade e confiabilidade no relacionamento entre as pessoas, que passam a se comunicar mais de acordo com o seu próprio "eu" e visualizam os outros tal qual eles são realmente.

Quanto maior o grau de maturidade de um grupo, tanto maior a área aberta e provavelmente maiores são a confiança e a segurança de seus membros. Assim, também é maior a eficiência do grupo, em função da área aberta que apresentar. Um grupo com predomínio da área secreta ou da área cega tem possibilidades de maior tensão e maior dificuldade nos relacionamentos interpessoais de seus membros e, consequentemente, necessidade de maiores recursos para garantir sua eficiência.

*Fontes: LUFT, J. The Johari Window. Human Relations
Training News e Of Human Interaction.
SCHEIN, Edgard H. Consultoria de Procedimentos
CHIAVENATO, I. Administração de Recursos Humanos – Fundamentos Básicos*

Modelo Myers-Briggs

Grandes cientistas ao longo da história, sendo o principal o mestre Carl Jung, identificaram quatro tipos de comportamento humano. Através das ideias de Jung, foi desenvolvido o modelo de classificação **Myers-Briggs** de comportamento. O domínio desses perfis comportamentais é extremamente útil e eficaz aos propósitos da negociação e às relações humanas em geral.

Obviamente, não é possível "saber" com precisão o comportamento de outra pessoa ou conhecê-la a fundo, ainda que seja um grande amigo. Porém, é bem viável encaixá-la em um dos quatro perfis de comportamento identificados: **pragmático, analítico, expressivo** ou **afável**.

Cabe ressaltar dois pressupostos básicos:

1. Um perfil não é melhor nem pior que os demais. As pessoas são diferentes e se comportam de maneira diferente.
2. Ninguém apresenta o tempo todo apenas um perfil. Navegamos pelos quatro perfis na mesma medida em que são diversas as situações de nosso dia a dia e na vida como um todo. Um determinado perfil reúne pessoas de características semelhantes, nunca iguais.

A **matriz dos perfis de comportamento** será desenvolvida a partir de informações que você possua da outra pessoa. Essas informações são obtidas através das respostas às duas perguntas a seguir:

1. No ambiente de trabalho a pessoa geralmente age mais com a **razão** ou com a **emoção**?
2. No ambiente de trabalho a pessoa geralmente é mais **lenta** ou mais **rápida** para tomar decisões e/ou realizar tarefas?

Dessa maneira, obtemos quatro combinações possíveis e, consequentemente, quatro perfis distintos:

- Mais razão/Mais rápido → **PRAGMÁTICO**
- Mais razão/Mais lento → **ANALÍTICO**
- Mais emoção/Mais rápido → **EXPRESSIVO**
- Mais emoção/Mais lento → **AFÁVEL**

Pragmático (mais razão e mais rápido)

Você geralmente reconhece um pragmático nos primeiros instantes: ele recebe você com formalidade e o seu aperto de mão é firme. Seus gestos são assertivos, sua mesa tem poucos objetos e quase nenhum papel. Por ser muito prático e ter aversão ao risco de "perder tempo", prefere quase sempre ir direto ao assunto e, por vezes, se mostra obstinado.

As pessoas pragmáticas costumam ser organizadas, mas não excessivamente metódicas, até porque isso lhes tomaria tempo em demasia e um esforço intelectual sem propósito claro. Diante de uma situação de problema, possivelmente buscarão uma avaliação bastante precisa e concisa, a fim de orientar sua decisão. E, se essa solução demandar um processo longo, tenderão a vê-lo como "um passo de cada vez".

Assim, podemos resumir algumas das principais características das pessoas que se encaixam no perfil **pragmático**:

- Tem tom de voz firme e gestos impositivos.
- É prático, "pé no chão", realista. Por isso mesmo costuma se ater aos fatos e ao "aqui e agora".
- Gosta de ir "direto ao ponto" e decidir rápido.
- Busca o poder e pode ser insensível.

Analítico (mais razão e mais lento)

Também situado no campo da razão, porém mais lento e gradual no seu processo de tomada de decisão, o analítico vai lhe mostrar uma de suas principais características ao demandar uma grande quantidade de informações.

É bem provável que você o encontre rodeado de papéis – são relatórios, catálogos, recortes de jornais para seu arquivo pessoal, etc., mas tudo muito bem organizado.

Quando ele começar a falar, repare em seu tom de voz constante, com pouca variação. E, no momento em que você responder a suas perguntas, tenha certeza: ele estará prestando atenção a cada palavra e demonstrará isso com gestos pensativos.

Ao mesmo tempo, não espere ver traços de emoção: é o cérebro que está no comando. Diante de uma proposta, procura sempre descobrir e entender quais as vantagens e as desvantagens, assim como todas as possíveis consequências. Tem a preocupação de ser justo e agir com base em princípios, às vezes rígidos.

78 Negociação

Eis, portanto, algumas das principais características do perfil **analítico**:

- Tem tom de voz constante e gestos pensativos.
- Gosta de aprender e pesquisar, assim como de estudar o passado para projetar o futuro.
- É metódico.
- Busca a perfeição e tende a ser idealista.

Afável (mais emoção e mais lento)

Os gestos suaves e o tom de voz de baixa inflexão do afável ao lhe atender mostram que é hora de deixar o corre-corre do lado de fora da porta. Concentradas em desenvolver relacionamentos que resistam ao tempo e às intempéries, as pessoas que se encaixam neste perfil são tranquilas e gentis, mas consomem algum tempo em seu processo de decisão.

Frequentemente, elas subordinam o pensamento ao sentimento, mas isso não significa que elas sejam profissionais menos preparadas para o difícil mundo dos negócios. São elas, por exemplo, que saberão apontar as possíveis consequências de quaisquer decisões empresariais sobre os funcionários, um dos mais valiosos ativos de uma organização. Na era da inteligência emocional e do trabalho em equipe, são excepcionais jogadores de time e, portanto, peças-chave de organizações.

Por suas características dominantes, os afáveis têm facilidade em compreender as pessoas e em se comunicar com elas; são empáticos e um excelente "ombro amigo". A contrapartida é o fato de buscarem a participação de outros quando vão tomar uma decisão.

Quando você conhecer melhor um afável, será comum que ele partilhe com você algumas de suas ideias e projetos, buscando, mesmo que inconscientemente, algum grau de aprovação ou até mesmo bons conselhos. O afável gosta de uma relação de cumplicidade.

Resumindo o perfil **afável**:

- É suave nos gestos e na voz.
- Preocupa-se com a harmonia das relações e com os valores sociais.
- Faz avaliações subjetivas.
- Busca a paz e tem apego à tradição.

Expressivo (mais emoção e mais rápido)

Não espere ir direto ao assunto quando estiver lidando com alguém do perfil expressivo. Seus gestos largos e seu tom de voz de alta inflexão são como um aviso de que a conversa apenas começou. É possível que ele logo aproveite para lhe mostrar fotos que decoram a sua mesa ou a sua parede; que comente algum caso que lhe veio à mente quando você ao telefone antecipou o assunto de que queria tratar; que apresente sua empresa, dando ênfase a missão, compromissos, história e projetos futuros, sem temer falar pelos cotovelos.

Mas não pense que ele o está "enrolando". Isso tudo é a forma que ele encontra para estabelecer com você um relacionamento, que, ele próprio espera, seja o mais duradouro possível.

Algumas vezes, a pessoa do perfil expressivo pode parecer um pouco dispersiva, saltando de um assunto a outro. Na verdade, raras atividades dão mais prazer ao expressivo do que explorar novos mundos e, como poucos, ele é capaz de antecipar tendências e perceber os inúmeros ângulos e soluções para uma situação.

Podemos resumir assim algumas das principais características do tipo **expressivo**:

- Eloquente, tem gestos largos e alta inflexão de voz.
- É movido muitas vezes pela intuição.
- Transita por interesses diversos, além dos negócios.
- Busca a popularidade e pode ser centrado em si mesmo.

Matriz dos perfis de comportamento

Padrões	Afável	Analítico	Pragmático	Expressivo
Aparência	Convencional	Conservadora	Formal	Estilo
Ambiente de trabalho	Amistoso	Organizado	Eficiente	Personalizado
Temores	Confronto	Embaraços	Perda de controle	Perda de prestígio
Busca	Atenção	Perfeição	Produtividade	Reconhecimento
Decisões	Ponderadas	Deliberadas	Resolutas	Espontâneas
Odeia	Impaciência	Surpresas	Ineficiência	Rotina
Quer ser	Amado	Correto	Controlador	Admirado

80 Negociação

	EMOÇÃO		
Expressivo		**Afável**	
Características	*Problemas*	*Características*	*Problemas*
Alta inflexão de voz Gestos largos Eloquente Movido pela intuição Interesses diversos Busca popularidade Centrado em si mesmo	Eventual falta de objetividade Pode ser narcisista e exibicionista	Voz suave Gestos suaves Harmonia nas relações Valores sociais Avaliações subjetivas Busca a paz Apego à tradição	Pode parecer indeciso Amor pode virar ódio se sentir-se traído Contrariedades comuns podem soar como "traição" Pode ser um tipo depressivo
Pragmático		**Analítico**	
Características	*Problemas*	*Características*	*Problemas*
Tom de voz firme Gestos impositivos Prático, realista Aqui e agora Vai direto ao ponto Decide rápido Busca o poder Pode ser insensível Razão	Não vê importância em nada Demonstra total falta de paixão Deixa-se levar pelo absoluto imediatismo Não dá atenção ao interlocutor Fechado a novas ideias e propostas	Tom de voz constante Gestos pensativos Gosta de aprender Projeta o futuro Metódico Busca a perfeição Tende a ser idealista	Solicita demasiadas informações Às vezes parece não "sair do lugar" Mostra-se crítico e teimoso demais
	RAZÃO		

RÁPIDO (à esquerda) — LENTO (à direita)

Matriz resumida dos perfis de comportamento

RAZÃO			
Analítico		**Pragmático**	
Tom de voz	**Quer...**	**Tom de voz**	**Quer...**
Constante	Interação	Forte	Respostas
Gestos	**Contrariado...**	**Gestos**	**Contrariado...**
Pensativo	Vou te cansar!	Impositivo	Te pego na volta!
Afável		**Expressivo**	
Tom de voz	**Quer...**	**Tom de voz**	**Quer...**
Baixa inflexão	Conselhos	Alta inflexão	Relacionamento
Gestos	**Contrariado...**	**Gestos**	**Contrariado...**
Suave	Nunca mais...	Largos	Como resolvo?
EMOÇÃO			

LENTO — RÁPIDO

Fonte: JÚLIO, C. A. A Magia dos Grandes Negociadores

Abordagens por tipo de comportamento

A seguir serão apresentados modelos estratégicos para a abordagem da negociação com cada um dos quatro estilos de comportamentos identificados através do Modelo Myers-Briggs.

PRAGMÁTICO

Planejamento
- Concentre-se na meta da outra parte de controle pessoal e minimize o receio de que tirem proveito dele.

Contato
- Vá direto ao ponto em questão, sem perda de tempo.

Proposta
- Seja profissional no relacionamento, atenha-se aos resultados pretendidos por ele, enfatize aspectos relacionados à eficiência, rentabilidade, produtividade e economia de recursos.

Compromisso
- Apresente à outra parte uma diversidade de opções e alternativas, deixando sempre claro que a escolha é dela, e a ela cabe tomar a decisão.

Ajuste
- Adapte ou reposicione a sua estratégia ao estilo da outra parte, lembrando-a sempre dos resultados em relação a seus objetivos principais (ou de sua organização).

Manutenção
- O cumprimento pontual e eficaz dos acordos estabelecidos é a melhor maneira de assegurar o relacionamento com esse tipo de negociador, mas sempre é bom apresentar lembretes e registros formais dos pontos a seu favor, segundo a visão dele.

ANALÍTICO

Planejamento
- Prepare-se para fornecer dados, relatórios, pesquisas e registros precisos de tudo que diga respeito a sua solução – seu produto, serviço, bem ou qualquer que seja o objeto da negociação. A outra parte vai querer conferir tudo minuciosamente.

Contato
- Permita que a outra parte faça o papel de especialista – apresentar suas perguntas e inspeções – e procure conhecê-la através delas, mais do que das próprias perguntas que você fará. Tenha atenção para não invadir sua privacidade e confidencialidade.

Proposta
- Enfatize as características de sua solução, com destaque para a lógica e a racionalidade da opção oferecida e das alternativas. Testemunhos rigorosos (atenção, pois ele irá conferir!) também são muito bem-vindos.

Compromisso
- Ofereça alternativas e esclareça as prioridades da outra parte. Seja minucioso mas seletivo, pois ela aprecia detalhes, desde que sejam importantes e tenham peso na decisão a ser tomada, acionado para que as coisas comecem a acontecer.

Ajuste
- Apresente provas e evidências incontestáveis, testemunhos de outras pessoas ou organizações. Atente para responder a todas as suas dúvidas e preocupações.

Manutenção
- Padrões e controles especificados de acompanhamento, manutenção e garantia de cumprimento do acordo, tudo por escrito e cronometrado, é o que ele espera para manter um relacionamento duradouro.

EXPRESSIVO

Planejamento
- Sua solução deve ser apresentada como a melhor para a outra parte, do ponto de vista do prestígio, da repercussão e do aumento da influência dela, além da melhora de sua imagem pública.

Contato
- Seja amigável e demonstre interesse por sua pessoa e suas conquistas. Mostre a ligação entre a solução apresentada e as aspirações e metas de longo alcance dele.

Proposta
- Deixe que a outra parte fale e se expanda sobre suas preocupações. Compartilhe genuinamente de seu entusiasmo e de sua agitação contagiante.

Compromisso
- Solicite ação urgente e ágil da outra parte e apresente o compromisso como um botão a ser acionado para que as coisas comecem a acontecer.

Ajuste
- Concorde com as preocupações e dúvidas da outra parte e mostre que ela não está sozinha nessa questão. Após isso, apresente a sua solução como a que resolve o problema de ambos os lados.

Manutenção
- Seu acompanhamento deve ser no sentido de evitar complicações e transtornos para a outra parte. Cultive a informalidade e o trato amigável ao longo do tempo.

AFÁVEL

Planejamento
- Sua solução deve ser apresentada como a melhor para o grupo ou a organização da outra parte, ressaltando as características de estabilidade, tranquilidade e melhor relacionamento entre as pessoas e os setores.

Contato
- Relacione-se informalmente preocupando-se sempre com o grupo de pessoas em que a outra parte está inserida – seu departamento, sua unidade, a organização como um todo – mais do que com ela mesma.

Proposta
- A harmonia e a estabilidade devem ser as ênfases, principalmente no que facilita o trânsito de pessoas, a circulação e o bom relacionamento.

Compromisso
- Indique detalhadamente como a outra parte deverá agir na prática para poderem firmar o acordo. Ampare-a em suas indecisões. Seja atento para que ela não disperse ou, até mesmo, adie.

Ajuste
- Concorde com as preocupações e dúvidas da outra parte e mostre que ela não está sozinha nessa questão. Após isso, apresente a sua solução como a que resolve o problema de ambos os lados.

Manutenção
- Sua presença e seu acompanhamento devem ser constantes, mostrando que a outra parte não precisa se sentir insegura por falta de apoio e manutenção. A cordialidade deve ser preservada.

Fonte: MIRANDA, MÁRCIO – Negociando para Ganhar.

Brainstorming

O **brainstorming** (ou "tempestade de ideias"), mais que uma técnica de dinâmica de grupo, é uma atividade desenvolvida para explorar a potencialidade criativa do indivíduo, colocando-a a serviço de seus objetivos. No Brasil também é carinhosamente chamada de "toró de parpite".

De autoria de Alex Osborn, foi, e é, por este e por seus seguidores, muito utilizada nos Estados Unidos, principalmente em áreas de relações humanas, publicidade e propaganda, muito embora esta técnica tenha sido difundida e inserida em diversas outras áreas, tais como educação, negócios e outras situações mais técnicas.

Quando respostas rápidas a questões relativamente simples são necessárias, o brainstorming é uma das técnicas mais populares e eficazes.

Essas ideias podem também ser relacionadas com as causas ou solução de um problema, ou, ainda, direcionadas para a criação de novos produtos ou inovações. Tipicamente, uma seção de brainstorming é estruturada de tal forma que a ideia de caca participante é gravada para uma análise futura.

Sua meta é obter uma lista abrangente de opiniões que podem ser abordadas mais tarde no processo de análise. Sob a liderança de um facilitador, as pessoas geram ideias sobre o assunto em pauta. No brainstorming, todos são encorajados a contribuir, e qualquer coisa que atrapalhe é negativa. É vital que os participantes reconheçam que todas as ideias têm valor. A técnica de brainstorming tem várias aplicações, mas é mais frequentemente usada em:

- **Desenvolvimento de novos produtos** – Obter ideias para novos produtos e efetuar melhoramentos ao produto existente.
- **Publicidade** – Desenvolver ideias para campanhas de publicidade.
- **Resolução de problemas** – Consequências, soluções alternativas, análise de impacto, avaliação.
- **Gestão de processos** – Encontrar formas de melhorar os processos gerenciais e de produção.
- **Gestão de projetos** – Identificar objetivos dos clientes, riscos, entregas, pacotes de trabalho, recursos, tarefas e responsabilidades.
- **Formação de equipes** – Compartilhamento e discussão de ideias enquanto se estimulam os participantes a raciocinar.

Princípios e regras – O *brainstorming* consiste em estimular e coletar ideias dos partcipantes, um por vez e continuamente, sem nenhuma preocupação crítica, até que se esgotem as possibilidades. O *brainstorming* clássico é baseado em dois princípios e quatro regras básicas.

Princípios

Os dois princípios são:

1. **Atraso do julgamento** – A maioria das más ideias são inicialmente boas ideias. Atrasando ou adiando o julgamento, é dada a hipótese de gerar muitas ideias antes de se decidir por uma. De acordo com Osborn, o humano é capaz tanto do julgamento como da criatividade. Embora a maioria da educação nos ensine apenas a usar o julgamento, nós apressamos o julgamento. Quando praticamos o atraso do julgamento, permitimo-nos a nós próprios usar a nossa mente criativa para gerar ideias sem as julgar. Não é fácil. Primeiro, não parece natural, mas depois tem as suas recompensas. Quando geramos ideias, é necessário ignorar as considerações sobre a importância da ideia, a sua usabilidade, a sua praticabilidade. Nesse patamar, todas as ideias são iguais. É necessário atrasar o julgamento enquanto ainda não se terminou a geração das ideias.

2. **Criatividade em quantidade e qualidade** – O segundo princípio é relativo à quantidade e à qualidade da criatividade. Quanto mais ideias forem geradas, mais provável será encontrar uma boa ideia. A técnica de *brainstorming* tira vantagem de associações que se desenvolvem quando se consideram muitas ideias. Uma ideia pode levar a uma outra. Más ideias podem levar a boas ideias. Por vezes, não conseguimos pensar em um problema enquanto não houver algumas respostas. *Brainstorming* nos dá a hipótese de pôr as ideias que passam pela cabeça no papel, de maneira a conseguir obter as melhores delas.

Usualmente, as recomendações que se seguem são chamadas de "regras". Devem ser seguidas como regras, embora sejam apenas uma orientação.

Regras

As quatro principais regras do *brainstorming* são:

1. **Críticas são rejeitadas** – Esta é provavelmente a regra mais importante. A não ser que a avaliação seja evitada, o princípio do julgamento não pode operar. A falha do grupo ao cumprir esta regra é a razão mais crítica para que a sessão de *brainstorming* não dê resultado. Esta regra é aquela que primariamente diferencia um *brainstorming* clássico dos métodos de conferência tradicionais.
2. **Criatividade é bem-vinda** – Esta regra é utilizada para encorajar os participantes a sugerirem qualquer ideia que lhes venha à mente, sem preconceitos e sem medo de que isso os vá avaliar imediatamente. As ideias mais desejáveis são aquelas que inicialmente parecem ser sem domínio e muito longe do que poderá ser uma solução. É necessário deixar as inibições para trás enquanto se geram as ideias. Quando se segue esta regra, cria-se automaticamente um clima de *brainstorming* apropriado. Isso aumenta também o número de ideias geradas.
3. **Quantidade é necessária** – Quanto mais ideias forem geradas, mais hipóteses há de encontrar uma boa ideia. Quantidade gera qualidade.
4. **Combinação e aperfeiçoamento são necessários** – O objetivo desta regra é encorajar a geração de ideias adicionais para a construção e reconstrução sobre as ideias dos outros.

Composição do grupo

A maioria dos grupos de *brainstorming* é constituída por três elementos:

- O líder.
- Os membros.
- Um(a) secretário(a).

Devem ser escolhidas pessoas que tenham alguma experiência com o problema em questão. É necessário não misturar os chefes com a equipe.

Escolhem-se as pessoas que estejam no mesmo patamar da hierarquia na organização. A maioria das pessoas não consegue se libertar nem ser suficientemente criativo diante do seu chefe.

O líder de grupo deve estar familiarizado com o processo de *brainstorming* e ter facili-cade em manter-se relaxado e em uma atmosfera descontraída.

A(O) secretária(o) deve ter facilidade na escrita rápida. Esta(e) vai ter que tomar nota de uma numerosa lista de ideias que serão geradas. As ideias não têm, necessariamente, de ser escritas exatamente da mesma forma que são ditas. O nome da pessoa que sugere as ideias não deve ser anotado, já que o anonimato encoraja a liberdade de expressão.

Esta técnica deve ser utilizada para problemas que tenham um final em aberto. Como em todas as técnicas criativas, o problema deve ser descrito em termos específicos para que ideias específicas possam ser geradas.

Generalidades, mesmo as mais brilhantes, são raramente as soluções mais criativas. Um problema de *brainstorming* deverá ter sempre um grande número de possíveis soluções. A resposta nunca é demasiado restrita.

Avaliação do grupo

Enquanto um grupo típico de *brainstorming* deverá conter de seis a 12 pessoas, o grupo de avaliação deve conter exatamente três, cinco ou sete pessoas. Usando um número ímpar eliminam-se as possibilidades de empate quando é efetuada a votação das possíveis soluções. Essa situação ajuda quando é procurado um consenso em vez da votação.

A composição dos membros desse grupo pode variar. Poderá consistir em pessoas que faziam parte do grupo de geração de ideias, ou na combinação de pessoas do grupo com pessoas externas, ou de um grupo completamente novo.

Utilizar as mesmas pessoas poderá ter a vantagem de assegurar a familiaridade com o problema, enquanto o uso de um grupo de pessoas externas ao grupo original pode ter o benefício da maior objetividade.

A tarefa do grupo de avaliação é analisar todas as ideias e selecionar as melhores para uma possível implementação ou estudo adicional. Depois de o líder do grupo receber a lista de ideias da(o) secretária(o), as ideias devem ser editadas para garantir que elas estejam descritas de forma clara e concisa.

As ideias devem ser organizadas segundo categorias lógicas (usualmente, essas categorias vão de cinco a dez) e apresentadas ao grupo de avaliação para revisão. É

90 Negociação

possível tornar esse processo mais fácil e prático utilizando um *checklist* organizado segundo determinados critérios, como a simplicidade das ideias, menos custosas em termos de tempo e capital, e outros termos similares. O grupo de avaliação deve verificar as melhores ideias de forma a sujeitá-las a testes práticos.

Linhas de direção

Embora não haja linhas de direção aceitas universalmente para passos específicos a implementar em uma sessão de *brainstorming*, as seguintes atividades principais são bastante comuns:

- Desenvolver um enunciado para o problema.
- Selecionar um grupo de seis a 12 participantes.
- Enviar uma nota aos participantes falando-lhes acerca do problema. Deverão ser incluídos o enunciado do problema, o contexto, bem como algumas soluções e outras coisas que se revelem úteis para o caso.
- Começar por escrever o problema em um quadro visível a todos os elementos pertencentes ao grupo.
- Falar, novamente, sobre as quatro regras principais do *brainstorming*.
- Requisitar novas ideias aos participantes na ordem pela qual estes levantam a sua mão. Apenas uma ideia deve ser sugerida em cada momento.
- Ter um gravador ou uma secretária de maneira que se possa escrever e tomar nota das ideias.
- A sessão deve durar cerca de trinta minutos.
- Selecionar um grupo para avaliação de três a cinco pessoas.
- Fornecer ao grupo a lista de ideias e dizer-lhes que sugiram e selecionem as melhores ideias.
- Fornecer ao grupo original um relatório com as ideias selecionadas pelo grupo de avaliação e requisitar a submissão de quaisquer ideias adicionais estimuladas pela lista.
- Dar a lista final de ideias à pessoa ou ao grupo de trabalho.

Brainstorming individual

A técnica de *brainstorming* é a clássica técnica criativa de um grupo. De qualquer forma, muitas pessoas adaptam o *brainstorming* e o usam como uma técnica criativa individual. Isso significa que é sempre possível realizar uma sessão de *brainstorming* em qualquer momento e quantas vezes for necessário.

De fato, muitos indivíduos podem encontrar mais criatividade sozinhos do que fazendo parte de um tradicional grupo de *brainstorming*. Aliás, a liberdade de estar sempre disponível para um *brainstorming* individual é incrivelmente fácil de se atingir.

Situações em que pode ser necessária a realização de um *brainstorming* individual:

- Quando se trabalha sem equipe.
- Quando se trabalha por conta própria.
- Quando não há disponibilidade para uma sessão em grupo.
- As pessoas que o rodeiam não gostam de sessões de *brainstorming*.
- As pessoas que o rodeiam não seguem as regras do *brainstorming*.
- É demasiado dispendioso e caro realizar uma sessão.
- O problema é demasiado pequeno para justificar a reunião de um grande número de pessoas.

Quando se utiliza o *brainstorming* individual, pode ser de grande ajuda o uso de mapas mentais para organizar e desenvolver as ideias.

Recomendações para o *brainstorming*

Separe as invenções das decisões

Visto que o julgamento obstrui a imaginação, separe o ato criativo do ato crítico; separe o processo de conceber soluções possíveis do processo (*brainstorming*) de fazer uma seleção entre elas. Invente primeiro, decida depois.

Antes da sessão

1. Defina seu objetivo.
2. Escolha os participantes.
3. Mude o ambiente usual.
4. Planeje uma atmosfera informal.
5. Escolha um facilitador.

Durante a sessão

1. Faça com que os participantes se sentem lado a lado.
2. Esclareça as regras básicas, principalmente a regra da ausência de críticas.

92 Negociação

3. Faça as sugestões livres.
4. Registre as ideias sob a vista de todos.

Depois da sessão

1. Assinale as ideias mais promissoras.
2. Invente aperfeiçoamento para as ideias promissoras.
3. Estipule um prazo para avaliar as ideias e decidir.
4. Defina as ideias a serem utilizadas.

Amplie suas opções

A seção de sugestões livres (*brainstorming*) libera as pessoas para pensarem criativamente. Uma vez liberadas, elas precisam de modos de refletir sobre seus problemas e gerar soluções construtivas. A tarefa de inventar opções envolve quatro tipos de raciocínio:

- **Pensar em um problema específico** – A situação factual que o desagrada.
- **Análise descritiva** – Você diagnostica uma situação existente em termos genéricos, distribui os problemas em categorias e procura sugerir as causas.
- **Considerar o que devesse ser feito** – Dados os seus diagnósticos, você busca recomendações sugeridas pela teoria.
- **Produzir sugestões específicas e viáveis de ação** – Quem poderia fazer o quê.

11

|||||||||||

Administração de Conflitos

Perceber os sintomas nas situações de conflito, conhecer as bases de poder, encaminhar negociações na busca de melhores soluções para a organização, para suas parcerias e alianças são habilidades fundamentais para os profissionais que desejam e precisam abordar as situações de conflito de forma construtiva.

Os conflitos podem ter uma carga desmotivadora e destrutiva dentro das organizações e nas relações com o ambiente externo. E são agravados, na maioria das vezes, por abordagens inadequadas e impulsivas.

Se por um lado os conflitos ocorrem naturalmente, a negociação, ao contrário, resulta de uma ação deliberada das partes na busca de um ponto de equilíbrio.

- **Projeto de negociação da Harvard Law School** → Trata-se de um manual prático aplicável universalmente em resolução de conflitos e disputas pessoais desenvolvido por Roger Fisher, William Ury e Bruce Patton. Essa metodologia é descrita em sua íntegra no livro "Como Chegar ao Sim".
- **Abordagens de conflitos** → Identificar e entender os conflitos típicos em cada uma de suas fases, definindo uma forma de abordagem adequada, pode ser o diferencial para o sucesso de um projeto.
- **Posicionamento estratégico** → As formas de abordar conflitos podem se configurar por meio de movimentos táticos de negociação entre as partes envolvidas e estratégias de negociação, quando definidas como foco predominante. As principais formas pelas quais os conflitos podem ser abordados são propostas em um modelo gráfico adaptado de Robert Blake e Jane Mouton.

Projeto de negociação da Harvard Law School

A negociação está presente no nosso dia a dia. Negociamos em casa com nossos cônjuges e filhos, na rua, no trabalho, onde quer que estejamos estamos sempre diante de situações e interesses a serem negociados. A negociação é um meio de se conseguir o que se quer. É uma relação entre pessoas com interesses **comuns** e **opostos**.

Quando estamos comprando alguma coisa de outra pessoa, nosso interesse **comum** é a operação de venda ou compra propriamente dita, porém os interesses são **opostos**, pois um quer/precisa vender e o outro quer/precisa comprar. Os interesses comuns aproximam e os interesses opostos afastam.

A nossa realidade gera cada vez mais situações de negociação. As pessoas precisam participar das decisões que afetam suas carreiras ou mesmo as suas vidas. Cada pessoa tem uma maneira peculiar de enxergar as situações, quer seja nos negócios, no governo ou mesmo na família. Devido a isso, os acordos somente são alcançados através de negociações diárias.

Para possibilitar o êxito nas negociações foram desenvolvidas estratégias padronizadas de negociação. Podemos perceber duas maneiras extremas de negociar:

- **Negociação afável.** Neste tipo de negociação se evitam conflitos pessoais e se fazem concessões para se chegar a um acordo. Porém, se essa postura acontece apenas de um lado, pode ocorrer uma situação de exploração ou desigualdade.
- **Negociação austera.** Neste tipo de negociação a situação é encarada como uma forma de disputa onde as partes assumem posições extremadas, tentando resistir para obter os melhores resultados. Como em toda disputa, com essa postura, o negociador espera "vencer", porém uma negociação só é vitoriosa quando ambas as partes "vencem".

Existem outras estratégias padronizadas de negociação que são nuances das duas situações anteriores, oscilando ora para um lado, ora para outro. Porém, qualquer que seja a variação dos modelos anteriores, o dilema sempre será conseguir o que se quer ou ficar bem com as pessoas.

Existe ainda um terceiro método de negociar, desenvolvido no projeto de negociação de Harvard, citado pelos doutores Roger Fischer, William Ury e Bruce Patton no livro "Como Chegar ao Sim".

Negociação baseada em princípios

Este método consiste em resolver as questões através de seus **méritos** e não em um processo de regateio focado no que cada lado está disposto ou não a fazer. Este método sugere que você procure benefícios mútuos sempre que possível e que, quando os interesses entrarem em conflito, insista em que os resultados da negociação se baseiem em padrões justos, independentemente da vontade das partes. Este método é rigoroso quanto aos **méritos das questões** e brando com as pessoas. Esse tipo de postura na negociação mostra como obter o que se tem direito e ainda assim ter uma postura de decência. Permite-nos ser imparcial e mesmo assim nos protege daqueles que gostam de tirar proveito da imparcialidade.

Quer a negociação diga respeito a um contrato, a uma discussão familiar ou a um acordo de paz entre nações, as pessoas se empenham rotineiramente na barganha posicional. Cada um dos lados toma uma posição, defende-a e faz concessões para chegar a uma solução de compromisso. Essa é a forma mais comum de negociação. Tomar **posições**, como fazem frequentemente as pessoas, atende a alguns fins úteis da negociação. Diz ao outro lado o que você quer, fornece um amparo nas situações incertas e que geram pressão, podendo produzir os termos de um acordo aceitável. Entretanto, pode-se chegar a esses fins de outras maneiras.

Quando os negociadores discutem posições, tendem a se fechar nelas. Quanto mais você esclarece a sua posição e a defende de ataques, mais se compromete com ela. Quanto mais procura convencer o outro lado da impossibilidade de modificar essa posição inicial, mas difícil se torna fazê-lo.

O perigo de que a barganha posicional impeça uma negociação foi bem ilustrado pela interrupção das conversações, na gestão do presidente Kennedy, sobre uma suspensão dos testes nucleares. Surgiu ali uma questão crítica: quantas inspeções locais por ano deveriam ser permitidas que EUA e URSS fizessem no território um do outro para verificação de eventos suspeitos? A URSS concordou, finalmente, com três inspeções anuais. Os EUA insistiam no mínimo de dez. E ali as conversações se interromperam – na discussão das **posições** –, apesar de ninguém compreender se uma "inspeção" envolveria um exame a ser feito por uma única pessoa em um só dia, ou uma centena de pessoas vasculhando tudo indiscriminadamente durante um mês.

À medida que se presta maior atenção às posições, menos atenção é voltada aos interesses reais das partes. A discussão por posições:

- É ineficaz.
- Gera acordos insensatos.
- Põe em risco a manutenção do relacionamento.

Método direto de negociação – Harvard Law School	
1. Pessoas	Separe as pessoas dos problemas
2. Interesses	Concentre-se no interesse, não nas posições
3. Opções	Crie diversas possibilidades antes de decidir o que fazer
4. Critérios	Insista em que o resultado tenha por base algum padrão objetivo

Separe as pessoas do problema

Todos sabem como é difícil lidar com um problema onde as pessoas se interpretem mal, aborreçam-se ou fiquem irritadas e levem as coisas para o pessoal. Um dado básico da negociação, fácil de esquecer nas transações empresariais, é que se está lidando não com representantes abstratos do "outro lado", mas, sim, com seres humanos.

Eles têm emoções, valores profundamente enraizados e pontos de vista diferentes, além de serem imprevisíveis. Deixar de lidar com os outros de maneira sensível, como seres humanos propensos a reações humanas, pode ser desastroso para a negociação.

Por outro lado, o processo de elaborar um acordo pode produzir um resultado mutuamente satisfatório. O que quer que você esteja fazendo em qualquer ponto da negociação, desde a preparação até o acompanhamento, vale a pena indagar-se: "será que estou prestando atenção suficiente ao ponto de vista da outra pessoa?".

Toda negociação tem dois aspectos distintos: a substância e a relação. A relação tende a se confundir com a substância. Tanto de um lado como de outro, tendemos a tratar as pessoas (relação) e os problemas (substância) como se fossem únicos. Na família, uma afirmação do tipo "a cozinha está suja" ou "nossa conta bancária está com saldo baixo" pode ter apenas a intenção de identificar um problema, mas tende a ser ouvida como um ataque pessoal.

Separe a **relação** (pessoas) da **substância** (problemas). Lidar com um problema pessoal e manter uma boa relação não precisam ser metas conflitantes, caso as partes estejam empenhadas e preparadas para tratar cada um desses objetivos separadamente, segundo seus próprios méritos.

Outro aspecto importante de ser abordado é a **percepção**. Compreender o pensamento da outra parte não é meramente uma atividade útil que irá ajudá-lo a solucionar seu problema. O pensamento do outro lado é o **próprio problema**. Quer você esteja fechando um negócio ou resolvendo uma disputa, as diferenças são definidas pela distinção entre o seu pensamento e o da outra parte.

Concentre-se nos interesses, não nas posições

Os interesses definem o problema. O problema básico de uma negociação não está nas posições conflitantes, mas no conflito entre necessidades, desejos, interesses e temores de cada lado. A conciliação de interesses, em vez do compromisso entre posições, funciona também porque, por trás das posições opostas, há muito mais interesses em comum do que conflitantes. Tendemos a presumir que, pelo fato de a posição do outro lado opor-se à nossa, seus interesses devem também ser contrários.

Quando examinamos realmente os interesses motivacionais por trás das posições opostas, frequentemente descobrimos uma posição alternativa que atende não somente ao interesse de uma das partes, mas também ao da outra.

Muitas vezes o acordo se torna possível justamente porque os interesses diferem. Tanto os interesses comuns quanto os que são diferentes, mas complementares, servem como base para um acordo sensato e duradouro.

Como se identificam os interesses?

- **Pergunte "por quê?"**
  - ✓ Uma técnica básica consiste em colocar-se no lugar do outro, ou seja, pergunte a si mesmo por qual razão a outra parte se mantém naquela posição.
  - ✓ Você pode também perguntar diretamente à outra parte por que ela assume determinada posição.
- **Pergunte "por que não?". Pense na escolha do outro**
  - ✓ Uma das maneiras mais úteis de desvendar os interesses consiste, primeiramente, em identificar a decisão básica que as pessoas do outro lado provavelmente acham que você está pedindo e então perguntar a si próprio por que elas não tomaram tal decisão.

98 Negociação

- **Perceba que cada lado possui interesses múltiplos**
  - ✓ Um erro comum de diagnóstico de uma situação de negociação é supor que cada uma das pessoas do outro lado possui o mesmo interesse.
  - ✓ Em quase todas as negociações, cada uma das partes possui muitos interesses, e não apenas um. Enquanto inquilino que negocia um aluguel, por exemplo, é possível que você queira obter um acordo favorável quanto ao aluguel, consegui-lo rapidamente e manter um bom relacionamento com o seu locador.
- **Os interesses mais poderosos são as necessidades humanas básicas**
  - ✓ Ao buscar os interesses básicos por trás de uma posição declarada, procure particularmente os interesses fundamentais que motivam as pessoas. Se puder cuidar dessas necessidades básicas, você estará aumentando a probabilidade de chegar a um acordo, de fazer com que o outro lado o respeite. Por mais fundamentais que sejam, as necessidades humanas básicas são fáceis de ignorar. As necessidades humanas básicas incluem:
    - ◆ Segurança.
    - ◆ Bem-estar econômico.
    - ◆ Sentimento de propriedade.
    - ◆ Reconhecimento.
    - ◆ Controle sobre a própria vida.
- **Faça uma lista.** Para determinar os vários interesses de cada lado, convém escrevê-los à medida que eles lhe ocorrerem.

Invente opções de ganhos mútuos

A habilidade de inventar opções é um dos dons mais úteis com que um negociador pode contar:

Identifique os interesses comuns – Os interesses comuns estão latentes em toda a negociação, mas podem não ser imediatamente evidentes. Pergunte a si mesmo:

- Será que temos um interesse comum em preservar nosso relacionamento?
- Quais são as oportunidades de cooperação e benefício mútuo mais adiante?
- Qual seria o ônus se as negociações fossem interrompidas?
- Haverá princípios comuns, com um preço justo, que possamos ambos respeitar?

Harmonize os interesses diferentes – Em geral, as pessoas supõem que as diferenças entre duas partes criam o problema. No entanto, elas podem também levar a uma solução. Muitos acordos criativos refletem esse princípio de se chegar a uma concordância através das diferenças. As diferenças de interesses e crenças tornam possível que um item traga a uma parte um alto benefício e, ao mesmo tempo, represente um custo baixo para a outra parte. Os tipos de diferenças que mais se prestam a ser harmonizadas são as diferenças de interesses, crenças, valorização do tempo e das previsões e aversão ao risco. A relação a seguir sugere algumas variações comuns de interesses a serem buscadas.

Insista em critérios objetivos

Por melhor que compreenda os interesses do outro lado, por mais que você invente engenhosamente meios de conciliar os interesses e por mais que valorize um relacionamento contínuo, você quase sempre enfrentará a dura realidade dos interesses conflitantes. Nenhum discurso de estratégias de "ganho para todos" é capaz de esconder esse fato. Você quer que o aluguel seja mais baixo, o locador quer que seja mais alto. Você gostaria que as mercadorias fossem entregues amanhã, o fornecedor só pode entregá-las na semana que vem. Essas diferenças não podem ser desconsideradas.

Tipicamente, os negociadores procuram resolver tais conflitos através da barganha posicional – em outras palavras, falando sobre o que estão e o que não estão dispostos a aceitar. Se tentar conciliar essas diferenças com base na vontade for gerar um preço muito elevado, a solução é negociar independentemente da vontade de qualquer um dos lados, ou seja, uma base com **critérios objetivos**. A negociação baseada em princípios produz acordos sensatos de forma amistosa e eficientemente. Conduzir uma negociação baseada em princípios envolve duas questões: como elaborar critérios objetivos e como empregá-los na negociação?

Qualquer que seja o método de negociação empregado, você se sairá melhor preparando-se antecipadamente. Isso certamente aplica-se à negociação baseada em princípios. Portanto, desenvolva antecipadamente alguns padrões alternativos e reflita sobre a aplicação deles no seu caso.

Padrões justos

Em geral, você encontrará mais de um critério objetivo disponível como base para um acordo. Dependendo da situação, você poderia propor que o acordo se baseasse em algum dos critérios a seguir:

- Valor de mercado.
- Precedente.
- Opinião especializada.
- Padrões profissionais.
- Custos.
- Padrões morais.
- Tratamento igualitário.
- Tradição.
- Reciprocidade.

Procedimentos justos

Para produzir um resultado independente da vontade, podem ser usados padrões justos para a questão substantiva ou procedimentos justos para resolver os interesses conflitantes. Consideremos, por exemplo, a antiquíssima forma de dividir um pedaço de bolo entre duas crianças: uma corta e a outra escolhe. Nenhuma delas pode se queixar de uma divisão injusta.

Fonte: Como Chegar ao Sim – Editora Imago
Roger Fisher, William Ury & Bruce Patton

Abordagens de conflitos

O conhecimento prévio dos principais tipos de conflito que podem se desenvolver em um projeto auxilia o gerente de projetos na tomada de decisões, permitindo-lhe minimizar ou melhor lidar com eles em cada uma de suas fases.

Fase do projeto	Conflitos identificados
Concepção	1. Prioridades do projeto 2. Procedimentos administrativos 3. Programação
Planejamento	1. Prioridades 2. Cronograma 3. Procedimentos administrativos
Execução	1. Cronograma 2. Padrões técnicos 3. Recursos humanos
Conclusão	1. Cronograma 2. Personalidades 3. Recursos humanos

Fase I – Concepção

Fonte	Recomendações
1. Prioridades	• Trabalhar com as partes interessadas para garantir apoio ao projeto e agilidade na tomada de decisões. • Identificar as necessidades das partes interessadas e permitir-lhes atingi-las por meio do projeto.
2. Procedimentos	• Manter a estrutura "enxuta" para registro das informações-chave do projeto. • Identificação prévia dos limites de competência.
3. Programação	• Manter histórico dos projetos realizados. • Fazer *benchmarking* sobre as atividades inovadoras do projeto.

Fase II – Planejamento

Fonte	Recomendações
1. Prioridades	• Providenciar efetivo *feedback* para as áreas funcionais em planos previstos no projeto e verificar necessidade por meio de sessões de revisão de estado.
2. Cronograma	• Cuidadosa programação de pacotes de serviços do projeto em cooperação com as áreas funcionais.
3. Procedimentos	• Planejamento de contingência e assuntos administrativos chave.

Fase III – Execução

Fonte	Recomendações
1. Cronograma	• Monitores que continuamente trabalhem em desenvolvimento. Comunicar resultados às partes afetadas. • Prever problemas em potencial e considerar alternativas. • Identificar "pontos de dificuldade" em potencial que necessitam de vigilância mais atenta.
2. Padrões técnicos	• Resolução antecipada de problemas técnicos. • Comunicação de restrição de programa e orçamento para o pessoal técnico. • Enfatizar testes técnicos adequados o mais cedo possível.
3. Recursos humanos	• Prever e comunicar logo as exigências de RH e prioridades em grupos funcionais de apoio.

Fase IV – Conclusão

Fonte	Recomendações
1. Cronograma	• Atenta supervisão da programação durante todo o projeto. • Considerar redistribuição de recursos humanos disponíveis para áreas críticas do projeto propensas a defasagens de cronograma. • Atingir soluções rápidas para problemas técnicos.
2. Personalidades	• Manter relação harmoniosa de trabalho com o grupo do projeto e grupos de apoio; tentar conversar em ambientes de baixa tensão.
3. Recursos humanos	• Desenvolver planos de distribuição de recursos humanos com a conclusão do projeto.

Fonte: Gestão de Projetos
Luís César de Moura Menezes – Editora Atlas

Posicionamento estratégico

As formas de abordar conflitos podem se configurar por meio de **movimentos táticos** de negociação entre as partes envolvidas e **estratégias** de negociação, quando definidas como foco predominante. As principais formas pelas quais os conflitos podem ser abordados são propostas no modelo a seguir, adaptado de Blake e Mouton.

Considerando a importância relativa de ambos os resultados e de relacionamento, você é capaz de adaptar seu jogo a cada situação de negociação. Negociadores destreinados e aqueles que fizeram um curso simplificado em táticas competitivas geralmente usam a mesma abordagem em cada situação de conflito. Cada acordo é diferente e cada oponente pode ser diferente; você terá melhores resultados ajustando o seu estilo para se adequar à situação.

Para escolher a estratégia certa, você precisa voltar sua atenção a esses dois fatores importantes: o resultado e o relacionamento. Quando considerar o resultado, você precisa se perguntar o que ganhará ou perderá nos problemas reais na negociação.

Quando considerar o relacionamento, você deve se perguntar como a negociação se processará e se a decisão específica do resultado afetará suas relações com o outro jogador agora e no futuro.

As seguintes estratégias são baseadas nos graus variáveis de preocupação com o relacionamento e com o resultado:

Administração de Conflitos **103**

Abordagem de conflitos		
Estratégia	**Ação**	**Quando aplicar**
Fuga	Retirada estratégica	• Quando você não pode perder. • Para ganhar tempo para analisar. • Para preservar a neutralidade ou a reputação.
Amaciamento	Panos quentes	• Para atingir um objetivo extremamente difícil. • Para manter a harmonia. • Quando você tem certeza de que vai perder.
Barganha	Barganhar	• Quando as duas partes precisam vencer. • Quando você não pode vencer. • Quando você não tem certeza de que está com a razão.
Integração	Colaborar	• Para reduzir custos. • Quando as habilidades se completam. • Quando há confiança na capacidade técnica do outro.
Uso do poder	Força	• Quando você tem razão. • Em uma situação do tipo "ou ele ou eu". • Diante de altos riscos.

- **Fuga (perde-perde)** – As prioridades para ambos, relação e resultado, são pequenas. Nenhum aspecto é importante o suficiente para você levar o conflito adiante.
  - ✓ **Estilo:** retirar-se temporariamente.
  - ✓ **Descrição:** retirar-se temporariamente de uma real ou potencial situação de conflito.
  - ✓ **Efeito:** não resolve o problema.
- **Amaciamento (perde-ganha)** – A importância do relacionamento é grande, a importância do resultado é pequena.
  - ✓ **Estilo:** mudar o foco.
  - ✓ **Descrição:** enfatizar as áreas de concordância em detrimento das diferenças.
  - ✓ **Efeito:** fornece apenas uma resolução de curto prazo.
- **Barganha (dividir a diferença)** – Uma abordagem de combinação usada em uma variedade de situações.
  - ✓ **Estilo:** resolver o problema.
  - ✓ **Descrição:** trata conflito como um problema a ser resolvido, examinando-se todas as possíveis alternativas; requer diálogo aberto e atitude proativa dos dois lados.
  - ✓ **Efeito:** fornece uma solução de longo prazo.
- **Integração (ganha-ganha)** – A importância do resultado e do relacionamento são grandes.
  - ✓ **Estilo:** negociar.

✓ **Descrição:** incorporar todos os vários pontos de vista e visões das diferentes perspectivas; conduz a um consenso e a um compromisso.
   ✓ **Efeito:** fornece uma solução de longo prazo.
- **Uso do poder (ganha-perde)** – A importância do resultado é grande, a importância do relacionamento é pequena.
   ✓ **Estilo:** empregar a força.
   ✓ **Descrição:** forçar seu ponto de vista independentemente dos outros; oferece soluções do tipo "ganha-perde".
   ✓ **Efeito:** sentimentos de vingança podem voltar de outras maneiras.

Alternativas de posicionamento estratégico

Matriz de resolução de conflitos e negociação

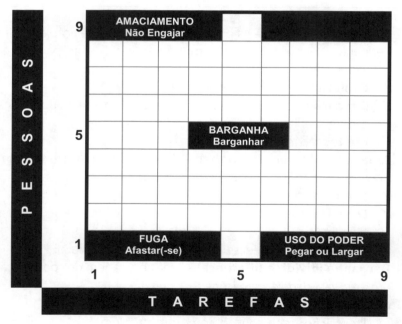

Fonte: Negociação – Fortalecendo o Processo.
Eugenio do Carvalhal – Vision Editora
Adaptado de "O Grid Gerencial" – Robert Blake e
Jane Mouton – Editora Pioneira

12

Formulários e Modelos

Este capítulo contém alguns modelos de formulários que auxiliam na preparação de uma negociação. Este e outros modelos podem ser encontrados no site da Harvard Business Essentials: http://hbr.org.

- **Preparação da negociação** → Este formulário auxilia na identificação dos passos necessários para a preparação de uma negociação.
- **Identificando a sua MAPUANA** → Este formulário ajuda na definição da MAPUANA (Melhor Alternativa Para Um Acordo Não Aceitável) e na obtenção de formas para melhorá-la.
- **Estabelecendo o seu preço de reserva** → Este formulário ajuda a examinar as variáveis que podem determinar o seu preço de reserva.

Preparação da negociação

Parte A	Abertura argumentos	Reações prováveis contra argumentos	Argumentos pontos de recuo
	·	·	·
	·	·	·
	·	·	·
	·	·	·
	Proposta(s) inicial(is)	**Proposta(s) intermediária(s)**	**Proposta final** (Objetivo mínimo/máximo) *Inicie o preenchimento por aqui*
	·	·	
	·	·	·

Identificação da Parte A (Eu/Nós)

Preliminar ➡ Abertura ➡ Exploração ➡ Fechamento

Tempo: _____ ➡ _____ ➡ _____ ➡ _____

MAPUANA – **M**elhor **A**lternativa **P**ara **U**m **A**cordo **N**ão-**A**ceitável

➡ **Qual será a minha alternativa de RECUO?**
·

➡ **Implicações da sua utilização** (*revisar a* **orientação tática**, *se for o caso*)
·

Parte B	Abertura argumentos	Reações prováveis contra argumentos	Argumento provável ponto de recuo
	·	·	·
	·	·	·
	·	·	·
	·	·	·
	Proposta(s) Inicial(is)	**Proposta(s) Intermediária(s)**	**Proposta Final** (Objetivo mínimo/máximo) *Inicie o preenchimento por aqui*
	·	·	
	·	·	·

Identificação da parte B (a outra parte)

Preliminar ➡ Abertura ➡ Exploração ➡ Fechamento

Tempo: _____ ➡ _____ ➡ _____ ➡ _____

MAPUANA – **M**elhor **A**lternativa **P**ara **U**m **A**cordo **N**ão-**A**ceitável

➡ **Qual poderá ser a alternativa de RECUO da parte B ?**

➡ **Implicações da sua utilização** (*revisar a* **orientação tática**, *se for o caso*)

Baseado no modelo de Eugenio do Carvalhal

Identificando a sua MAPUANA

Identificando a sua MAPUANA
A. Quais são suas alternativas para o caso de não haver um acordo? Identifique as melhores.
1. 2. 3. 4.
Reveja a listagem. Qual das alternativas é a melhor?
B. O que poderia melhorar a sua MAPUANA?
Existe alguma melhor composição que você possa fazer com seus fornecedores, parceiros ou clientes?
Existe alguma forma de eliminar ou alterar alguma restrição que esteja prejudicando a sua MAPUANA? Qual? Como?
Existe alguma forma de mudar os termos que você trouxe para a mesa de negociação que poderia melhorar a sua MAPUANA? Qual? Como?
C. Escreva qual poderá ser a sua nova MAPUANA, caso tenha conseguido melhorá-la.

Fonte: HMM Negotiating

Estabelecendo o seu preço de reserva

Estabelecendo o seu preço de reserva
A. Explore as variáveis que afetam a sua posição de reserva ou fuga.
Para você, qual é o valor real do negócio que está na mesa de negociações?
Qual é a relação deste valor com a sua MAPUANA?
Que outros valores ou partes interessadas necessitam ser consideradas?
Se existe algum valor monetário envolvido na negociação, qual seria a menor quantia que você pode considerar?
Que outros valores **não monetários** mínimos você poderia considerar?
B. O que poderia melhorar a sua MAPUANA?
Que resultados ou termos na negociação valem mais para você?
Alguns desses resultados ou termos estão ligados? Ou seja, o aumento ou a redução em algum resultado que você deseja aumenta ou reduz a sua flexibilidade em outro?
Quanto do que você quer de um resultado ou termo você poderia abrir mão por outro?
Existe alguma outra forma de distribuição que seria equivalente em valor para você?
C. Enunciar os parâmetros do seu preço de reserva. (Os termos ou preços resultantes criam o contexto para você avaliar propostas alternativas)

Fonte: HMM Negotiating

13

Exercícios de Negociação

Vivemos negociando. Em nosso trabalho, com nossos amigos, nossa família, etc. A vida é um constante exercício de negociação. Durante algum tempo partimos do princípio de que negociar era algo inato; hoje sabemos que, embora as pessoas possuam características que facilitam ou dificultam o processo de negociar, existem outras habilidades que podem e devem ser desenvolvidas.

A intenção desses exercícios é ajudar no desenvolvimento de algumas dessas habilidades analisando o seu comportamento como negociador.

As respostas desses exercícios devem refletir as ações e os comportamentos efetivos, e não as intenções.

- **Questionário de negociações** → Análise do comportamento do negociador.
- **O bom negociador** → Avaliação do grau de importância das características dos negociadores.

Questionário de negociações

1. **Quando eu entro em uma negociação, eu sempre devo saber o que farei em seguida se não chegar a um acordo com a outra parte.**
   (A) Verdadeiro
   (B) Falso

2. **Se eu fizer uma oferta de baixo custo, terminarei com um preço final inferior.**
   (A) Verdadeiro
   (B) Falso

3. **No clima das negociações sofisticadas de hoje, assumir que ambos os lados podem negociar um acordo ganha/ganha pode parecer ingênuo.**
   (A) Verdadeiro
   (B) Falso

4. **Eu deveria ser capaz de alcançar algum tipo de acordo mesmo se o relacionamento com a outra parte se comprometer.**
   (A) Verdadeiro
   (B) Falso

5. **Devo verificar o nível de autoridade da outra parte antes de iniciar uma negociação.**
   (A) Verdadeiro
   (B) Falso

6. **Nunca devemos dar ultimatos.**
   (A) Verdadeiro
   (B) Falso

7. **Não é correto pedir mais concessões quando estiver fechando uma negociação.**
   (A) Verdadeiro
   (B) Falso

8. **Quando eu entro em uma negociação, devo sempre me informar sobre quanto tempo a outra parte tem.**
   (A) Verdadeiro
   (B) Falso

9. Às vezes compartilhar segredos é a melhor forma de reavivar uma sessão árdua de negociação.
   (A) Verdadeiro
   (B) Falso

10. Em negociações muito complexas, é melhor tentar buscar os acordos ponto a ponto do que esperar para fazer o acordo total no final.
    (A) Verdadeiro
    (B) Falso

11. Eu devo reagir quando a outra parte questionar o meu nível de autoridade para fazer um acordo.
    (A) Verdadeiro
    (B) Falso

12. Como você lê esta mensagem não verbal?
O homem está arrumando sua gravata.

   (A) Tenta chamar a atenção
   (B) Sente-se incomodado
   (C) Insegurança

13. Como você lê esta mensagem não verbal?
O homem está coçando o seu rosto.

   (A) "Isso é interessante"
   (B) "Preciso pensar"
   (C) Insegurança

14. Como você lê esta mensagem não verbal?
O homem está coçando seu pescoço por baixo do colarinho. Ele está...

(A) ...com dúvida
(B) ...impaciente
(C) ...mentindo

15. Como você lê esta mensagem não verbal?
Coçando os olhos. Ele está...

(A) ...incomodado com o que está sendo discutido
(B) ...tentando evitar alguém para quem ele acabou de mentir
(C) ...frustrado por ninguém querer escutá-lo

16. Como você lê esta mensagem não verbal?
O homem está sentado, apoiado nos cotovelos.

(A) "Eu gosto muito de você"
(B) "Ok, vamos iniciar"
(C) "Qual é a sua opinião?"

Exercícios de Negociação **113**

17. Para termos sucesso em uma negociação, precisamos entender que o simples fato de a posição da outra parte se opor à nossa – uma parte é a vendedora e a outra parte é a compradora – já indica que os interesses também são contrários.

(A) Verdadeiro
(B) Falso

18. Cada uma das pessoas do outro lado da negociação tem o mesmo interesse.

(A) Verdadeiro
(B) Falso

19. Em geral, cada um de nós tende a se preocupar tanto com nossos próprios interesses que prestamos pouca atenção aos interesses da outra parte.

(A) Verdadeiro
(B) Falso

20. Qualquer que seja o método de negociação empregado, você se sairá melhor preparando-se antecipadamente.

(A) Verdadeiro
(B) Falso

21. Se eu fizer uma concessão injustificada à outra parte, isso me facilitará a lidar com futuras diferenças.

(A) Verdadeiro
(B) Falso

22. Em uma negociação, a parte que tem mais <u>recursos</u> naturalmente tem mais <u>poder de negociação</u> que a outra.

(A) Verdadeiro
(B) Falso

23. Você está negociando uma grande venda por um determinado valor. O comprador o convida a estudar sua proposta e afirma: <u>"seu preço não é satisfatório".</u> Qual das seguintes atitudes você tomaria?

(A) Reduziria seu preço imediatamente
(B) Perguntaria qual preço o comprador tem em mente
(C) Declararia que seu preço é competitivo e que há pouco a ser feito

114 Negociação

24. Como você geralmente deve encarar uma negociação?
(A) Uma batalha muito competitiva
(B) Essencialmente uma situação cooperativa
(C) Uma situação cooperativa e competitiva ao mesmo tempo

25. Qual deve ser o objetivo de uma negociação?
(A) Um bom negócio para os dois lados
(B) Um negócio melhor para você
(C) Uma transação excelente para você e razoável para o oponente

26. Como deve ser encarada uma pergunta "óbvia" durante uma negociação?
(A) Uma afronta da outra parte
(B) Uma dúvida legítima da outra parte
(C) A outra parte está despreparada para a negociação

27. Quando uma das partes tem mais poder do que a outra em uma negociação, como ela deve proceder?
(A) Deve usá-lo o máximo que puder
(B) Deve usá-lo para garantir a imparcialidade da situação
(C) Nunca deve lançar mão desse recurso

28. Como se deve ceder nas negociações?
(A) Muito lentamente, quando for necessário
(B) Aproximadamente no mesmo ritmo que o outro lado
(C) Abrir logo com a melhor oferta

29. Durante uma negociação, o vendedor critica os termos e as condições do comprador e propõe termos e condições diferentes. Qual técnica de negociação o vendedor está utilizando?
(A) Rejeição de oferta
(B) Oferta em separado
(C) Sugestão
(D) Contraoferta

30. O principal objetivo das negociações deve ser:
(A) Obter o máximo da outra parte
(B) Proteger o relacionamento
(C) Ser o vencedor
(D) Definir seus objetivos com antecedência e agarrar-se a eles

Exercícios de Negociação **115**

31. O que é uma negociação distributiva?
(A) Um tipo de negociação onde as partes competem pela distribuição de um valor fixado, e qualquer ganho de uma parte representa uma perda para a outra
(B) Um tipo de negociação onde as partes cooperam para alcançar o máximo de benefícios mútuos em um acordo
(C) Um tipo de negociação que envolve mais de duas partes

32. Qual das seguintes opções pode ser considerada um exemplo de uma negociação integrativa?
(A) A venda de um carro
(B) Uma ampla negociação entre empresários e o sindicato dos empregados
(C) A estruturação de uma parceria de longo prazo para uma organização

33. Você está procurando uma casa para comprar e está disposto a pagar no máximo $ 300.000 (seu preço de reserva). O vendedor de uma casa que lhe interessou só aceitará no mínimo $ 325.000 pelo imóvel (o preço de reserva dele). Neste caso, qual seria a ZOPA (Zona de Possível Acordo)?
(A) A faixa entre $ 300.000 e $ 325.000
(B) Qualquer valor menor que $ 325.000
(C) Neste caso não existe ZOPA

34. Por que é importante conhecer o seu MAPUANA (Melhor Alternativa Para Um Acordo Não Aceitável) antes de conduzir uma negociação?
(A) A sua MAPUANA possibilita que você crie valor durante a negociação
(B) A sua MAPUANA determina o ponto onde você pode dizer não para uma proposta desfavorável
(C) A sua MAPUANA o ajuda a identificar quando é desvantajoso formar uma aliança

35. Em qual tipo de negociação você poderia revelar informações sobre o seu real interesse, preferências ou restrições de negócios?
(A) Você nunca deveria revelar informações sobre suas reais condições
(B) Em uma negociação distributiva
(C) Em uma negociação integrativa

36. Que tipo de estratégia você deveria implementar caso você não confie na outra parte?
(A) Optar por levar intermediadores
(B) Sugerir acordos parciais
(C) Insistir em critérios respaldados pela lei

116 Negociação

37. Qual das seguintes opções é uma estratégia que você pode utilizar para evitar um clima de confronto numa negociação?
(A) Coloque-se no lugar da outra parte
(B) Antes da negociação, trabalhe com sua equipe para estabelecer um preço de reserva razoável
(C) Estabeleça pontos de fuga

38. Em negociações, o que é uma âncora?
(A) É a primeira oferta que é feita
(B) É um acordo complexo que requer uma abordagem indireta
(C) É uma forma que você escolhe para descrever uma negociação

39. Qual é o primeiro passo que deve ser dado para se preparar para uma negociação?
(A) Identificar a sua MAPUANA
(B) Determinar os resultados satisfatórios
(C) Estudar a outra parte

40. Como se deve reagir quando a outra parte abre a negociação com uma oferta inaceitável?
(A) Elaborar perguntas que façam com que o outro negociador justifique a oferta
(B) Rebater com outra oferta similarmente inaceitável para colocar a outra parte na defensiva
(C) Levantar-se da mesa e ameaçar deixar o ambiente para forçar a outra parte a mudar a sua oferta

Gabarito do questionário

1 – A	21 – B
2 – A	22 – B
3 – B	23 – B
4 – B	24 – C
5 – A	25 – A
6 – B	26 – B
7 – B	27 – B
8 – A	28 – B
9 – A	29 – D
10 – A	30 – B
11 – B	31 – A
12 – A	32 – C
13 – C	33 – C
14 – C	34 – B
15 – B	35 – C
16 – B	36 – C
17 – B	37 – A
18 – B	38 – A
19 – A	39 – B
20 – A	40 – A

Avaliação do negociador

Acertos	Avaliação
0 – 10	Você ainda precisa trabalhar suas habilidades de negociação.
11 – 29	Suas habilidades de negociação estão boas, e você tem potencial para se tornar um bom negociador.
30 – 40	Você tem um alto nível de habilidades de negociação e provavelmente já está apto a se envolver em negociações (mesmo que não formalmente).

118 Negociação

O bom negociador

Avaliação

Avalie, segundo a sua percepção, qual é o grau de importância de cada uma das características a seguir mencionadas, para o desempenho favorável de **negociadores** em situações de administração de conflitos/divergências e negociação.

Leia cada uma das características, pensando na eficácia do negociador. Associe cada grau de importância à característica e, dependendo da sua avaliação, faça uma marcação na coluna adequada.

Características	1 Sem importância	2 Pouco importante	3 Importante	4 Muito importante	5 Extrema importância
1. Persistência e determinação					
2. Capacidade de avaliar e explorar o poder de barganha para alcançar seu objetivo					
3. Percepção das necessidades e reações ocultas – próprias e da outra parte					
4. Capacidade para conduzir e controlar os membros de sua própria equipe					
5. Experiência prévia em negociações					
6. Sentimento de autoconfiança					
7. Amplitude de critérios, ou seja, aceitação de outros pontos de vista					
8. Competitividade, ou seja, desejo de competir e ganhar					
9. Habilidade de comunicar e coordenar diversos objetivos dentro de sua própria organização					
10. Capacidade de debater, ou seja, de formular perguntas e respostas, argumentar e reagir					
11. Vontade de controlar os riscos					
12. Capacidade de representar vários papéis e posturas diferentes					
13. Status ou nível hierárquico na organização que representa					
14. Disposição para assumir riscos acima da média dos riscos de negócios ou da função, ou seja, ousar					

Exercícios de Negociação 119

Características	1 Sem impor- tância	2 Pouco impor- tante	3 Impor- tante	4 Muito impor- tante	5 Extrema impor- tância
15. Tolerância à ambiguidade e à ncerteza					
16. Capacidade de planejamento e preparação					
17. Conhecimento do tema/assunto que está negociando					
18. Capacidade de raciocinar clara e rapidamente sob pressão e incerteza					
19. Capacidade para expressar ideias verbalmente					
20. Habilidade para escutar					
21. Capacidade de julgamento e inteligência geral					
22. Integridade					
23. Capacidade de persuasão/ convencimento					
24. Paciência					
25. Capacidade de decisão					
26. Capacidade de ganhar o respeito da outra parte					
27. Capacidade analítica para resolver problemas gerais					
28. Autocontrole, principalmente para deixar/não deixar transparecer emoções					
29. Capacidade para perceber o sentimento dos outros					
30. Capacidade para se comunicar por sinais, gestos e utilizar o silêncio					
31. Temperamento para transigir, ou seja, fazer concessões					
32. Personalidade atraente e senso de humor					
33. Temperamento confiável					
34. Disposição para evitar o emprego da força, das ameaças e do blefe					

Resultado da pesquisa brasileira

Principais características do negociador brasileiro em ordem decrescente de importância, segundo a avaliação de negociadores experientes:

Características de um negociador brasileiro eficaz		
01	Conhecimento do tema/assunto que está abordando	532
02	Capacidade de raciocinar clara e rapidamente sob pressão e incerteza	334
03	Capacidade de planejamento e preparação	253
04	Capacidade de debater: formular perguntas e respostas, argumentar	174
05	Capacidade de persuasão/convencimento	158
06	Percepção das necessidades e reações ocultas – próprias e do outro	145
07	Persistência e determinação	124
08	Capacidade de ganhar o respeito e a confiança da outra parte	81
09	Habilidade para escutar	49
Resultado obtido através de ponderação com pesos de 1 a 5 para as escolhas		

14

Estudo de Casos de Negociação

A proposta deste capítulo é essencialmente ser um instrumento pedagógico para o aprendizado de como agir em situações reais e de quais podem ser as consequências das ações.

Um caso não é necessariamente um documento histórico nem um texto puramente descritivo. Ele deve ser capaz de suscitar questões para debate e ter elementos que permitam tomada de posição e definição de cursos de ação.

Os casos podem ser reais ou fictícios. Os reais exigem muito cuidado na atribuição de declarações, que devem ser devidamente documentadas. Casos fictícios dão mais liberdade ao autor, mas isso não significa que possam abordar apenas situações irreais. Ao contrário, o caso posto como fictício deve, de fato, expressar situações que permitam uma análise das estratégias utilizadas.

Nas negociações, para que se obtenha êxito, são fundamentais o uso de estratégias, táticas e uma preparação que deve ser feita preliminarmente. A seguir serão apresentados dois casos de negociações realizadas.

- **A compra dos terrenos** → Caso verídico da compra de dois terrenos.
- **O problema dos 35 camelos** → Caso fictício narrado no livro "O Homem que Calculava", de Malba Tahan.

A compra dos terrenos

Descrição do objeto

Empreendimento imobiliário residencial multifamiliar a ser implantado em uma área total de 20.000 m², desmembrada em 40 lotes no município do Rio de Janeiro. Em cada lote será construída uma edificação unifamiliar, custeada pelos compradores dos lotes, ficando a cargo do empreendedor as obras de infraestrutura do terreno. Os lotes serão comercializados em duas etapas:

- **Primeira etapa** → Serão vendidos pelo empreendedor 15 lotes no lançamento do empreendimento, ainda sem as obras de infraestrutura, a um valor de R$ 90.000,00 cada um. O valor total de R$ 1.350.000,00, arrecadado nesta etapa, será investido nas obras de infraestrutura.
- **Segunda etapa** → Nesta etapa haverá um aumento no preço das unidades. Já com as obras de infraestrutura concluídas (terraplanagem, muro periférico, meios-fios, iluminação, rede de águas pluviais), os demais lotes serão negociados a R$ 120.000,00 cada um.

Descrição da negociação

Esta negociação foi feita durante a primeira etapa de vendas, quando os lotes estavam sendo ofertados a um valor menor do que seriam vendidos na etapa seguinte, pelo fato de o empreendedor intencionar captar recursos para investimento nas obras de infraestrutura. Esses investimentos permitiriam que o restante dos lotes do empreendimento fosse vendido a valores mais atrativos para o vendedor. Portanto, para um comprador com recursos financeiros disponíveis tratava-se de uma boa hora para fazer uma negociação de compra.

Após cerca de sessenta minutos de negociação, as partes fecharam o valor de compra de dois lotes a R$ 160.000,00, ou seja, R$ 80.000,00 cada, sendo dados R$ 10.000,00 de sinal no ato do fechamento e o saldo de R$ 150.000,00 a ser pago na ocasião da escritura, o que ocorreu cerca de três dias depois da negociação. Todos os dois pagamentos foram feitos em espécie. Foram os primeiros lotes a serem vendidos pelo empreendedor. A negociação se deu conforme demonstrado nos **guias de planejamento qualitativo**, a seguir:

Guia resumido de planejamento qualitativo – 1/3 (negociação)

Parte A	Necessidade(s)	Objetivo(s)	Valores/Argumentos
Identificação da Parte A (Eu/Nós)	• Compra dos terremos	• Construção de uma residência p/ venda	• Pagamento à vista
	• Sobra de capital para aplicação	• Investimento	• Não foi vendido nenhum lote até agora
		• Fazer novos negócios	• Serão comprados dois lotes inicialmente • Possibilidade de compra de mais lotes
		Obter informações adicionais	*Tempo (?)*
	Básica	**Principal/Ideal**	**Principais**
	• Aplicação de capital	• Investimento	• Compra imediata • Pagto à vista
		Mínimo/Máximo	
		• R$ 170.000,00	
		Transcreva esta informação p/ pág. 3/3	
Parte B	**Necessidade(s)**	**Objetivo(s)**	**Valores/Argumentos**
Identificação da Parte B (A Outra Parte)	• Venda de terreno • Captação de recursos para segunda etapa	• Realizar o negócio o mais rápido possível • Venda de todas as unidades	• Bom retorno de investimento • Preço mais baixo por ser a primeira etapa
		Obter informações adicionais	*Tempo (?)*
	Básica	**Principal/Ideal**	**Principais**
	• Captação de recursos	• Vendas rápidas	• Retorno de investimento
		Mínimo/Máximo	
		• R$ 170.000,00	
		Transcreva esta informação p/ pág. 3/3	

124 Negociação

Guia resumido de planejamento qualitativo – 2/3 (negociação)

Parte A	Autonomia ampliada	Percepção de poder		Orientação tática
				Relacionamento
Identificação da Parte A (Eu/Nós)	Total	Acho que tenho MUITO MAIS	↑	Quero manter e/ou ampliar o relacionamento com a outra parte; portanto serei mais **flexível**.
	Pouco restrita	Acho que tenho MAIS	↓	Não quero manter e/ou ampliar o relacionamento com a outra parte; portanto serei mais **rígido.**
	Restrita	Acho que é EQUILIBRADO		*Confiança*
	Muito restrita	Acho que tenho MENOS	↑	Tenho um elevado nível de confiança na outra parte; portanto serei **mais aberto.**
	Nenhuma	Acho que tenho MUITO MENOS	↓	Tenho um baixo nível de confiança na outra parte; portanto serei **mais fechado.**

Posicionamento Estratégico que pretendo adotar				
Fugir (afastar-se)	**Amaciar** (não engajar)	**Barganhar** (trocar)	**Integrar** (negociar)	**Usar poder** (pegar ou largar)

Justificativa da estratégia:

(continua)

Estudo de Casos de Negociação **125**

Parte B	Autonomia ampliada	Percepção de poder	Orientação tática	
			Relacionamento	
	Total	Acho que tenho MUITO MAIS	↑	Quer manter e/ou ampliar o relacionamento com a outra parte; portanto será mais **flexível.**
	Pouco restrita	Acho que tenho MAIS	↓	Não quer manter e/ou ampliar o relacionamento com a outra parte; portanto será mais **rígido.**
	Restrita	Acho que é EQUILIBRADO	**Confiança**	
	Muito restrita	Acho que tenho MENOS	↑	Tem um elevado nível de confiança na outra parte; portanto será **mais aberto.**
	Nenhuma	Acho que tenho MUITO MENOS	↓	Tem um baixo nível de confiança na outra parte; portanto será **mais fechado.**

Identificação da Parte B (A Outra Parte)

Posicionamento estratégico que penso que a outra parte pretende adotar				
Fugir (afastar-se)	**Amaciar** (não engajar)	**Barganhar** (trocar)	**Integrar** (negociar)	**Usar poder** (pegar ou largar)

Justificativa da estratégia:

126 Negociação

Guia resumido de planejamento qualitativo – 3/3 (negociação)

Parte A	Abertura argumentos	Reações prováveis contra argumentos	Argumentos pontos de recuo
	• Pagto em dinheiro	*Ver abertura da Parte B.*	• Bom negócio
	• Pagto imediato	• Bom negócio	
	• Compra de duas unidades	• Preço baixo	
	• Possibilidade de novas compras		
	Proposta(s) inicial(is)	**Proposta(s) intermediária(s)**	**Proposta final (objetivo mínimo/máximo)** *Inicie o preenchimento por aqui*
	• R$ 150.000,00	• R$ 160.000,00	• R$ 170.000,00

Preliminar ➡ *Abertura* ➡ *Exploração* ➡ *Fechamento*

Tempo: _____15_____ → __10_____ → ____15_____ → _____20_____

MAPUANA – *M*elhor *A*lternativa *P*ara *U*m *A*cordo *N*ão *A*ceitável

→ **Qual será a minha alternativa de RECUO?**
  • Compra de apenas uma unidade
→ **Implicações da sua utilização** (*revisar a* **orientação tática**, *se for o caso*)
  • Perda da oportunidade da compra no lançamento

Parte B	Abertura argumentos	Reações prováveis contra argumentos	Argumento provável ponto de recuo
	• Bom negócio	*Ver abertura da Parte A.*	• Venda de duas unidades
	• Rápido retorno	• Pagto imediato	
	• Por ser lançamento, o preço já está baixo	• Pagto em dinheiro	
		• Compra de duas unidades	
	Proposta(s) inicial(is)	**Proposta(s) intermediária(s)**	**Proposta final (objetivo mínimo/máximo)** *Inicie o preenchimento por aqui*
	• R$ 180.000,00	• R$ 175.000,00	• R$ 170.000,00

Preliminar ➡ *Abertura* ➡ *Exploração* ➡ *Fechamento*

Tempo: _____15_____ → __10_____ → ____15_____ → _____20_____

MAPUANA – *M*elhor *A*lternativa *P*ara *U*m *A*cordo *N*ão *A*ceitável

→ **Qual poderá ser a alternativa de RECUO da parte B ?**
  • Aguardar um tempo
→ **Implicações da sua utilização** (*revisar a* **orientação tática**, *se for o caso*)
  • Perda da oportunidade de iniciar as vendas, o que estimularia novas vendas

O problema dos 35 camelos

... Encontramos, perto de um antigo refúgio meio abandonado, três homens que discutiam acaloradamente ao pé de um lote de camelos.

Por entre pragas e impropérios gritavam possessos, furiosos:

– Não pode ser!

– Isso é um roubo!

– Não aceito!

O inteligente Beremiz procurou informar-se do que se tratava.

– Somos irmãos – esclareceu o mais velho – e recebemos, como herança, esses 35 camelos. Segundo a vontade expressa de meu pai, devo receber a metade, o meu irmão Hamed Namir uma terça parte e o Harim, o mais moço, deve ficar apenas com a nona parte. Não sabemos, porém, como dividir dessa forma 35 camelos e a cada partilha proposta segue-se a recusa dos outros dois, pois a metade de 35 é 17 e meio. Como fazer a partilha se a terça parte e a nona parte de 35 também não são exatas?

– É muito simples – atalhou o Homem que Calculava. – Encarrego-me de fazer, com justiça, essa divisão, se permitirem que eu junte aos 35 camelos da herança este belo animal que, em boa hora, aqui nos trouxe!

Neste ponto procurei intervir na questão:

– Não posso consentir em semelhante loucura! Como poderíamos concluir a viagem se ficarmos sem camelo?

128 Negociação

– *Não te preocupes com o resultado, ó Bagdali! – replicou-me em voz baixa Beremiz – Sei muito bem o que estou fazendo. Cede-me o teu camelo e verás no fim a que conclusão quero chegar.*

Tal foi o tom de segurança com que ele falou que não tive dúvida em entregar-lhe o meu camelo, que, imediatamente, foi reunido aos 35 ali presentes, para serem repartidos entre os três herdeiros.

– *Vou, meus amigos – disse ele, dirigindo-se aos três irmãos – fazer a divisão justa e exata dos camelos que são agora, como veem, em número de 36.*

E, voltando-se para o mais velho dos irmãos, assim falou:

– *Deverias receber, meu amigo, a metade de 35, isto é, 17 e meio. Receberás a metade de 36 e, portanto, 18. Nada tens a reclamar, pois é claro que saíste lucrando com essa divisão!*

E, dirigindo-se ao segundo herdeiro, continuou:

– *E tu, Hamed Namir, deverias receber um terço de 35, isto é, 11 e pouco. Vais receber um terço de 36, isto é, 12. Não poderás protestar, pois também saíste com visível lucro na transação.*

E disse, por fim, ao mais moço:

– *E tu, jovem Harim Namir, segundo a vontade de teu pai, deverias receber uma nona parte de 35, isto é, 3 e tanto. Vais receber uma nona parte de 36, isto é, 4. O teu lucro foi igualmente notável. Só tens a agradecer-me pelo resultado!*

E concluiu com a maior segurança e serenidade:

– *Pela vantajosa divisão feita entre os irmãos Namir – partilha em que todos os três saíram lucrando – couberam 18 camelos ao primeiro, 12 ao segundo e 4 ao terceiro, o que dá um resultado (18+12+4) de 34 camelos. Dos 36 camelos, sobram, portanto, dois. Um pertence, como sabem, ao bagdali, meu amigo e companheiro; outro toca por direito a mim, por ter resolvido, a contento de todos, o complicado problema da herança.*

– *Sois inteligente, ó estrangeiro! – exclamou o mais velho dos três irmãos – Aceitamos a vossa partilha na certeza de que foi feita justiça e equidade!*

E o astucioso Beremiz – o Homem que Calculava – tomou logo posse de um dos mais belos camelos do grupo e disse-me, entregando-me pela rédea o animal que me pertencia:

– *Poderás agora, meu amigo, continuar a viagem no teu camelo manso e seguro! Tenho outro especialmente para mim!*

E continuamos a nossa jornada para Bagdá...

Trecho do livro *O Homem que Calculava*, de Malba Tahan

Explicação do problema dos 35 camelos

Para o problema dos 35 camelos, podemos apresentar uma explicação muito simples.

O total de 35 camelos, de acordo com o enunciado da história, deve ser repartido, pelos três herdeiros, do seguinte modo:

O mais velho deveria receber a metade da herança, isto é, 17 camelos e meio.

O segundo deveria receber um terço da herança, isto é, 11 camelos e dois terços.

O terceiro, o mais moço, deveria receber um nono da herança, isto é, 3 camelos e oito nonos.

Feita a partilha, de acordo com as determinações do testador, haveria uma sobra.

17 1/2 + 11 2/3 + 3 8/9 = 33 1/18

Observe que a soma das três partes não é igual a 35, mas sim a 33 1/18.

Há, portanto, uma sobra.

Essa sobra seria de um camelo e 17/18 de camelo.

A fração 17/18 exprime a soma de 1/2 + 1/3 + 1/9, frações que representam as pequenas sobras.

Aumentando-se de 1/2 a parte do primeiro herdeiro, este passaria a receber a conta certa de 18 camelos; aumentando-se de 1/3 a parte de segundo herdeiro, este passaria a receber um número exato de 12; aumentando-se de 1/9 a parte do terceiro herdeiro, este receberia 4 camelos (número exato). Observe, porém, que, consumidas com este aumento as três pequenas sobras, ainda há um camelo fora da partilha.

Como fazer o aumento das partes de cada herdeiro?

Esse aumento foi feito, admitindo-se que o total não era de 35, mas de 36 camelos (com o acréscimo de 1 ao dividendo).

Mas, sendo o dividendo 36, a sobra passaria a ser de 2 camelos.

Tudo resultou, em resumo, do fato seguinte:

Houve um erro do testador. A metade de um todo, mais a terça parte desse todo, mais um nono desse todo, não é igual ao todo. Veja bem:

1/2 + 1/3 + 1/9 = 17/18

Para completar o todo (18/18), ainda falta 1/18 desse todo.

130 Negociação

O todo, no caso, é a herança dos 35 camelos.

1/18 de 35 é igual a 35/18.

A fração 35/18 é igual a 1 17/18.

Conclusão: feita a partilha, de acordo com o testador, ainda haveria uma sobra de 1 camelo mais uma fração de 17/18.

Beremiz, com o artifício empregado, distribuiu os 17/18 pelos três herdeiros (aumentando a parte de cada um) e ficou com a parte inteira da fração excedente.

Em alguns autores encontramos um problema curioso, de origem folclórica, no qual o total de camelos é 17 e não 35. Esse problema dos 17 camelos pode ser lido em centenas de livros de recreações matemáticas.

Para o total de 17 camelos a divisão é feita por meio de um artifício idêntico (o acréscimo de um camelo à herança do xeque), mas a sobra é só do camelo que foi acrescentado. No caso do total de 35, como ocorreu no episódio com Beremiz, o desfecho é mais interessante, pois o calculista obtém um pequeno lucro com a sua habilidade.

Se o total fosse de 53 camelos, a divisão da herança, feita do mesmo modo, aplicado o artifício, daria uma sobra de 3 camelos.

Eis os números que poderiam servir: 17, 35, 53, 71, 89, etc.

Para o caso dos 17 camelos leia: E. FOURREY, Récréations Mathématiques, Paris, 1949, página 159. GASTON BOUCHENY, Curiosités et Récréations Mathématiques, Paris, 1939, página 148.

15

||||||||||||

Recomendações Importantes

Para as negociações não existem receitas prontas. Cada situação é diferente e exige uma abordagem adaptativa. Contudo, alguns princípios básicos são muito úteis para o sucesso deste processo. Seguem algumas recomendações úteis para o sucesso nas negociações:

1. Você passa mais tempo negociando do que imagina.
2. Só não existe negociação quando há uma concordância imediata ou não há possibilidade de conversa.
3. Planeje. Nunca vá para uma negociação sem ter estudado o assunto e suas opções previamente.
4. Inicie a negociação admitindo a possibilidade de que seus pontos de vista não prevaleçam.
5. Em uma negociação, o melhor é que as partes tenham igual poder de decisão.
6. Cuidado com os preconceitos. Esteja pronto para uma resposta rápida e segura.
7. Nunca crie expectativa sobre uma negociação.
8. Tenha o seu limite preestabelecido (preço de reserva).
9. Tente negociar em seu território ou em campo neutro. Evite negociar no território do adversário.
10. Confie em sua intuição. Procure sentir as vibrações vindas do outro lado.
11. Não reaja prontamente. Examine os prós e contras de cada opção. Observe cuidadosamente as reações da outra parte e realize os ajustes necessários.
12. Não aceite a primeira oferta. Se você aceitar a primeira oferta, a outra parte poderá ficar com a sensação de ter feito um mau negócio.

132 Negociação

13. Peça alto ou ofereça baixo. Aristóteles Onassis já dizia: "quem pede mais, leva mais". Nunca esqueça que você é o principal encarregado de defender o seu interesse.

14. Não dê nada de graça. Coisas dadas de graça normalmente não têm seu valor reconhecido.

15. Procure saber o tempo disponível da outra parte antes de sua abordagem.

16. Guarde uma concessão para o final. É fundamental que a outra parte saia com a sensação de ter feito um bom negócio.

17. Procure também ver os interesses e as necessidades da outra parte.

18. Antes de iniciar a negociação procure estabelecer sua margem de concessão.

19. Existem dois tons possíveis em uma negociação – o do confronto e o da parceria. Prefira sempre que possível o da parceria.

20. Seja um bom ouvinte – os grandes negociadores são grandes ouvintes.

21. Fale e ouça na mesma medida.

22. Tenha sempre em mente o que a outra parte tem a ganhar. Isso sempre gera excelentes argumentos a seu favor.

23. Após apresentar cada uma das suas ideias, procure certificar-se de que a outra parte as entendeu ou as aceitou.

24. Evite dizer que o outro está errado. Pergunte e faça com que a outra parte veja o próprio erro.

25. Procure fazer perguntas que demandem respostas além do simples SIM ou NÃO, ou seja, tente sempre fazer "perguntas abertas" em vez de "perguntas fechadas".

26. Procure conhecer preliminarmente alguma coisa do comportamento das pessoas com quem vai negociar – forças, fraquezas.

27. Durante a negociação focalize predominantemente as forças (aspectos positivos) do outro negociador.

28. Por melhor que seja sua posição ou situação, procure deixar uma "saída honrosa" para o outro negociador.

29. Ao apresentar suas ideias, procure relacioná-las aos interesses e às expectativas da outra parte.

30. Procure negociar com objetivos amplos, em oposição a ter um único e específico intuito durante toda negociação.

31. Se o outro negociador não apresentar dúvidas sobre sua proposição, procure tomar a iniciativa de fazê-lo, pois essas dúvidas poderão prejudicar o negócio.

32. Procure cumprir à risca suas promessas. Respeite os prazos.

33. Diga o que pensa sem preocupações em agradar a outra parte.

34. Aprenda a conviver com pessoas que pensam e se comportam diferente de você.

35. Tente ver qualquer mudança ou situação nova como uma oportunidade para se desenvolver, crescer mais.

Recomendações Importantes **133**

36. Evite colocar "contra a parede" o outro negociador, pressionando-o.
37. Tente transformar uma situação adversa em oportunidade para novos negócios, serviços ou ideias.
38. Aprenda a conviver em situações de tensão, sem alterar seu comportamento e suas táticas.
39. Antes de apresentar qualquer argumentação procure se colocar no lugar do outro. Demonstre empatia.
40. Sempre que possível, faça com que a ideia seja do outro.
41. Seu comportamento durante a negociação deve levar em conta o fato de que no futuro você poderá voltar a negociar com a mesma pessoa.
42. Ao negociar com um subordinado, procure tratá-lo igualmente, sem demonstrar sua superioridade.
43. Durante uma negociação, esgote as fontes de informações antes de emitir qualquer opinião ou avaliação.
44. Espere a outra parte terminar suas argumentações para então iniciar as suas.
45. Anote cada ponto acordado.
46. Evite contestar. Quando a outra parte, por exemplo, alegar "gostei, mas é muito caro!", antes de argumentar diga: "entendo, o valor é sempre uma questão importante, principalmente nesses tempos de orçamentos apertados". Faça isso de modo sincero, mostrando realmente se importar com as limitações da outra parte.
47. Antes de tentar argumentar, faça perguntas para ter certeza do que a outra parte está falando. Afinal, o que ele quer dizer como "muito caro"? Ao fazer uma pergunta você saberá como argumentar depois. Pergunte, por exemplo: "quando você diz 'muito caro' é em relação a quê?". Faça outras perguntas, até conseguir entender exatamente a objeção. Fazendo esse tipo de pergunta a outra parte pode revelar que está sem orçamento ou que tem outra oferta com valor menor. Essa informação é valiosa para a continuação da negociação.
48. Sempre que possível ofereça opções além do valor do negócio. Por exemplo, se o caso da outra parte é orçamento e você já identificou isso, você poderia argumentar algo como: "e se eu parcelar o pagamento?". E continue... "se o problema é a disponibilidade do valor, um parcelamento ajudaria"?
49. Se um negócio está prestes a ser concluído e suas bases já foram acertadas, então confirme o que foi falado e parta para o fechamento. Por exemplo: "como vimos, já está tudo acertado. Alguma outra dúvida?". Se a outra parte responder que não tem, você pode então concluir: "que ótimo, podemos então partir para o fechamento?".
50. Uma negociação implica em uma solução mútua e não em uma vitória ou uma derrota.

Glossário

Este glossário possui termos que são amplamente utilizados no ambiente de negociações. Não são necessariamente exclusivos de negociações e também podem ser encontrados de forma diferente, ou até mesmo com algum significado mais específico dentro deste ambiente.

Muitas das palavras e expressões aqui mostradas possuem definições mais amplas e, em determinadas situações, diferentes das encontradas em dicionários.

Acordo – Entendimento ou acerto entre as partes em uma negociação.

Acordo inseguro – Acordo restrito, mais limitado do que poderia ser em consequência da falta de confiança entre as partes que negociam.

Agente – Pessoa encarregada de representar os interesses de outra em negociações com uma terceira parte.

Âncora – A primeira oferta que é feita em uma negociação.

Ancoragem – Tentativa de estabelecer uma posição inicial em torno da qual serão feitas as negociações.

Assimetria das informações – Situação em que uma parte tem mais informações que a outra.

Barganha – O ato de negociar. Pleitear descontos.

136 Negociação

Base – Ver *Preço de reserva*.

BATNA – Acrônimo de "Best Alternative To a Negotiated Agreement". Termo em inglês que dá origem à MAPUANA. Saber qual é o seu BATNA significa conhecer as suas opções de ação ou o que vai acontecer caso não se chegue a um acordo na negociação.

Blefe – Tática em que uma das partes de uma negociação dá sinais de estar disposta a fazer ou aceitar algo, mas na realidade não tem intenção de realizar. Por exemplo, um inquilino pode blefar, dizendo que não vai renovar o contrato de locação se não forem feitas determinadas melhorias em seu escritório.

Coalização em torno de uma única questão – Grupo cujos membros podem divergir com relação a outras questões, mas unem-se (embora quase sempre por motivos diferentes) para apoiar ou bloquear uma questão específica.

Coalização natural – Grupo de aliados que compartilham uma vasta gama de interesses comuns.

Dilema do negociador – Tensão causada pela tentativa do negociador de equilibrar estratégias competitivas – procurando perceber quando entrar em disputa em caso de choque de interesse e quando criar valor por meio de um intercâmbio de informações que resulte em opções vantajosas para ambas as partes.

Espaço de manobra – Flexibilidade que pode existir em uma determinada proposta, relacionada a dinheiro ou prazo. Se você não dispuser de nenhum espaço de manobra, deve deixar muito claro que esta é a sua melhor oferta.

Estratégia – Sequência planejada do modo como se pretende abordar uma negociação, inclusive o que o negociador vai oferecer e exigir (dar e receber).

Ganha-ganha – Ver *negociação integrativa*.

Ganha-perde – Ver *negociação distributiva*.

Interesses – Objetivos que estão por trás da posição de cada uma das partes em uma negociação.

Maldição do vencedor – Convicção desagradável, depois de se ter chegado a um acordo, de que teria sido possível negociar um acordo mais favorável.

Glossário **137**

MAPUANA – Acrônimo de "Melhor Alternativa Para Um Acordo Não Aceitável".

Moeda de troca – Recursos ou critérios, inclusive financeiros, utilizados pelas partes em uma negociação visando alcançar um acordo.

Negociação de soma zero – Ver *negociação distributiva*.

Negociação distributiva – Tipo de negociação em que as partes competem pela distribuição de uma quantidade fixa de valor. Aqui, qualquer ganho de uma das partes representa uma perda para a outra. Popularmente conhecida como *negociação de soma zero* ou *negociação ganha-perde*.

Negociação integrativa – Tipo de negociação em que as partes cooperam para conseguir o máximo benefício mútuo em um acordo. As parcerias e colaborações a longo prazo entre colegas quase sempre se caracterizam por negociações integrativas. Mais conhecida como *negociação ganha-ganha*.

Negociações envolvendo várias partes – Negociações que envolvam mais de duas partes. Essas negociações podem apresentar diferenças significativas em relação às de duas partes, sobretudo quando se formam coalizões – alianças entre partes que têm menos poder separadas do que juntas.

Negociadores intransigentes – Pessoas que encaram qualquer negociação como uma batalha.

Negócio – Relações comerciais; negociação, transação.

Partes – Cada uma das pessoas que participam de uma negociação ou celebram entre si um contrato.

Pensamento grupal – Modo de pensar que envolve os membros de um grupo coeso. O pensamento grupal é guiado pelo consenso e tende a superar a motivação para avaliar com realismo as alternativas de ação, tornando-se um problema.

Percepção tendenciosa – Fenômeno psicológico que leva as pessoas a perceber a verdade com uma tendência a seu próprio favor ou inclinando-se para seu próprio ponto de vista. Por exemplo, os dois times de uma partida de futebol podem achar que foram prejudicados pela arbitragem.

Pergunta aberta – Pergunta que permite uma resposta ampla.

138 Negociação

Pergunta fechada – Pergunta que permite dois tipos de resposta – sim e não, concordo e não concordo, etc.

Posições – O que as partes de uma negociação pedem – em outras palavras, suas exigências.

Preço de reserva – Ponto mínimo favorável em que uma parte aceita negociar um acordo. O preço de reserva é derivado do BATNA, mas nem sempre os dois coincidem. Também conhecido como preço base.

Processos – Atividades que transformam os insumos de entrada em resultados de valor total mais elevado.

Proposta finita – Proposta com prazo de validade.

Respeito transparente – Capacidade de monitorar de fora o respeito aos termos de um acordo.

Tática – Métodos específicos para a implantação de uma estratégia.

Transações realizadas em várias fases – Negociações implementadas em fases, ou que tenham a perspectiva de novos envolvimentos no futuro. O contexto da transação permite que as partes negociem tendo em vista o relacionamento posterior e a continuidade das comunicações.

Trocas – Substituição ou barganha de um ponto por outro; tática empregada com frequência nas negociações de vendas.

ZOPA – Acrônimo de "Zona de Possível Acordo". Faixa em que se pode chegar a um acordo. Os preços de reserva dos envolvidos definem os limites do ZOPA, que se situa (quando existe) na faixa em que há superposição dos preços base (ou preços de reserva).

Fontes de Consulta

Bibliografia

BARROS, João Pedro Dalledonne de. **Negociação.** São Paulo: Senac, 2004.

CARVALHAL, Eugenio Rodrigues do. **Negociação:** fortalecendo o processo. São Paulo: Vision, 2001.

CARVALHAL, Eugenio Rodrigues do; ANDRADE, Gersem Martins de; ARAÚJO, João Vieira de; KNUST, Marcelo. **Negociação e Administração de Conflitos.** 4. ed. Rio de Janeiro: FGV, 2014.

CHRISTOPHER, Elizabeth M. **Técnicas de Negociação.** São Paulo: Clio, 2003.

DAYCHOUM, Merhi. **40 + 16 Ferramentas e Técnicas de Gerenciamento.** 6. ed. Rio de Janeiro: Brasport, 2016.

DRUCKER, Peter F. **A Administração na Próxima Sociedade.** Barueri: Nobel, 2003.

DRUCKER, Peter F. **Desafios Gerenciais para o Século XXI.** São Paulo: Pioneira – Tomson Learning, 1999.

FISHER, Roger; URY, William; PATTON, Bruce. **Como Chegar ao Sim:** a negociação de acordos sem concessões. 2. ed. Rio de Janeiro: Imago, 2005.

GREENHALGH, Leonard. **Relacionamentos Estratégicos.** São Paulo: Negócio BB, 2002.

140 Negociação

HARVARD BUSINESS SCHOOL PRESS. **Negotiating Outcomes:** expert solutions to everyday challenges (Pocket Mentor Series). Boston: Harvard Business School Press, 2007.

HARVARD BUSINESS SCHOOL PRESS. **Negotiation.** (Harvard Business Essentials Series). Boston: Harvard Business School Press, 2003.

JULIO, Carlos Alberto. **A Magia dos Grandes Negociadores.** Rio de Janeiro: Elsevier, 2003.

JÚNIOR, Sebastião de Almeida. **Negociação:** técnica e arte. Rio de Janeiro: Qualitymark, 2005.

MENEZES, Luís César de Moura. **Gestão de Projetos.** São Paulo: Atlas, 2009.

MIRANDA, Márcio. **Negociando para Ganhar.** Salvador: Casa da Qualidade, 2009.

NIERENBERG, Juliet; ROSS, Irene S. **Os Segredos da Negociação.** São Paulo: Publifolha, 2011.

PEASE, Alan; PEASE, Barbara. **Desvendando os Segredos da Linguagem Corporal.** Rio de Janeiro: Sextante, 2005.

REILLY, Leo. **Como se Sair Bem em uma Negociação.** São Paulo: Madras, 2000.

Rick BRINKMAN, Rick; KIRSCHNER, Rick. **Aprendendo a Lidar com Pessoas Difíceis.** Rio de Janeiro: Sextante, 2011.

SHELL, Richard. **Negociar é Preciso.** Rio de Janeiro: Campus, 2000.

URY, William. **Supere o Não:** negociando com pessoas difíceis. Rio de Janeiro: Best Seller, 2001.

WANDERLEY, José Augusto. **Negociação Total:** encontrando soluções, vencendo resistências, obtendo resultados. São Paulo: Gente, 1998.

WEIL, Pierre; TOMPAKOW. Roland. **O Corpo Fala:** a linguagem silenciosa da comunicação não verbal. Petrópolis: Vozes, 2009.

Filmografia

Negociando com Eficiência
LINKQUALITY Vídeos de Treinamento

Negociando com Fornecedores
LINKQUALITY Vídeos de Treinamento

Sites

www.wikipedia.org
www.workshop.com.br
http://hbr.org
www.eduardo-fonseca.blogspot.com
http://comunicacaomarketing.blogspot.com

Acompanhe a BRASPORT nas redes sociais e receba regularmente informações sobre atualizações, promoções e lançamentos.

 @Brasport

 /brasporteditora

 /editorabrasport

 editorabrasport.blogspot.com

 /editoraBrasport

Sua sugestão será bem-vinda!

Envie mensagem para **marketing@brasport.com.br** informando se deseja receber nossas newsletters através do seu e-mail.

ROTAPLAN
GRÁFICA E EDITORA LTDA

Rua Álvaro Seixas, 165
Engenho Novo - Rio de Janeiro
Tels.: (21) 2201-2089 / 8898
E-mail: rotaplanrio@gmail.com